Patentöchter

Julia Albrecht
Corinna Ponto

Patentöchter

Im Schatten
der RAF –
ein Dialog

Kiepenheuer
& Witsch

MIX
Papier aus verantwor-
tungsvollen Quellen
FSC® C014496
www.fsc.org

Verlag Kiepenheuer & Witsch, FSC-N001512

1. Auflage 2011

© 2011, Verlag Kiepenheuer & Witsch, Köln
Alle Rechte vorbehalten. Kein Teil des Werkes darf in
irgendeiner Form (durch Fotografie, Mikrofilm oder ein
anderes Verfahren) ohne schriftliche Genehmigung des
Verlages reproduziert oder unter Verwendung elektronischer
Systeme verarbeitet, vervielfältigt oder verbreitet werden.
Umschlaggestaltung: Rudolf Linn, Köln
Umschlagmotiv: © Ullstein Bild – AP
Autorenfotos: Foto Albrecht: © privat;
Foto Ponto: © Martin Langhorst
Gesetzt aus der Concorde und der Bauer Bodoni
Satz: Buch-Werkstatt GmbH, Bad Aibling
Druck und Bindung: GGP Media GmbH, Pößneck
ISBN 978-3-462-04277-1

Inhalt

Am 30. Juli 1977 wurde Jürgen Ponto, der Vorstandsspre-
cher der Dresdner Bank, in seinem Haus in Oberursel ermor-
det. Die Todesschützen waren die RAF-Mitglieder Christian
Klar und Brigitte Mohnhaupt. Zugang zum Haus der Pontos
hatte ihnen Susanne Albrecht verschafft, die Tochter von Jür-
gen Pontos Freund, dem Hamburger Seerechtsanwalt Hans-
Christian Albrecht. Ihre Schwester Julia, damals 13 Jahre alt,
war die Patentochter von Jürgen Ponto. Patenonkel seiner
Tochter Corinna, damals 20, war wiederum Hans-Christian
Albrecht.

Nach der Tat war das Band zwischen den Familien zerschnit-
ten. 30 Jahre später nimmt Julia Albrecht Kontakt auf zu Co-
rinna Ponto. Ein Briefwechsel entspinnt sich. Die beiden
Frauen treffen sich ein paarmal. Sie entscheiden sich, zusam-
men ein Buch zu schreiben.

Wie eine Stimme aus einer anderen Welt

Julia Albrecht

Wie eine Stimme aus einer anderen Welt drangen ihre Worte zu mir. Auch wenn sie nicht an mich gerichtet waren. Doch ich hörte es so. Es waren Sätze von Corinna Ponto über den Mord an ihrem Vater. Sie waren in dem Buch von Anne Siemens »Für die RAF war er das System, für mich der Vater« abgedruckt. Corinna Ponto macht dort, auf eine sehr vorsichtige Art zwar, aber dennoch unüberhörbar, meinen Eltern den Vorwurf, dass sie ihre Eltern nicht über die Entwicklung meiner Schwester Susanne vor deren Besuch bei Pontos am 30. Juli 1977 aufgeklärt hatten.

Corinnas Worte über den Mord an ihrem Vater trafen mich in einem Moment, in dem ich sowieso hauptsächlich mit diesem Thema befasst war. Ich hatte beschlossen, einen Dokumentarfilm über die Folgen der Tat meiner Schwester und deren Bedeutung für uns als ihre Familie zu drehen, und war seit Monaten damit beschäftigt, gemeinsam mit meiner Mutter alte Briefe, Dokumente und Fotos zu sichten und zum hundertsten Mal über die uns noch immer quälende Frage zu sprechen: Wie hatte das geschehen können? Wie konnte es sein, dass Susanne eine Familienfreundschaft und ihre Eltern ausgenutzt hatte, um ihre ideologischen Ziele für die RAF zu realisieren?

Es war für mich eine innere Notwendigkeit, Corinna zu schreiben. Ich kannte sie nicht. Und wenn ich sie vielleicht einmal als Kind gesehen hatte, so besaß ich daran keine Erinnerung mehr. Corinna war die Tochter von Jürgen Ponto. Corinna war die schmale Erscheinung neben ihrer Mutter auf dem Foto von Jürgens Beerdigung, das ich so oft betrachtet hatte. Corinna war für mich weniger eine konkrete Person als eben die Tochter des Mannes, dessen Tod meine Schwester ermöglicht und mit zu verantworten hat. Seitdem Corinnas Mutter Ignes Ponto noch im Jahr 1977 den Kontakt zu uns abgebrochen hatte, hatte es niemals wieder eine Begegnung oder Korrespondenz zwischen den Familien gegeben. Ich schrieb Corinna Ponto einen Brief, der – in Auszügen – so lautete; dabei bezog ich mich auch auf Interviews, die sie gegeben hatte:

Liebe Frau Ponto,

alles, was ich in den letzten Monaten von Ihnen gelesen habe, hat mich tief berührt. Ich wusste ja nie etwas von Ihrer Seite. Mir war noch nicht einmal klar, wie wenige Jahre wir altersmäßig auseinander sind. 1977 war auch für mich der Einbruch in meinem Leben. Nicht nur wegen des unglaublichen Schreckens, den das Verbrechen an Ihrem Vater auch für mich bedeutete. Sondern auch wegen der schieren Unmöglichkeit, verstehen zu können, dass meine Schwester das möglich gemacht hatte. Ihr Vater war mein Patenonkel und hatte insofern für mich eine große Bedeutung. (...) Ihren Vorwurf an meine Eltern, sie hätten doch auf keinen Fall meine Schwester zu Ihnen lassen dürfen, kann ich gut verstehen, und ich habe viele Jahre ähnlich gedacht. Meine Eltern hatten vor der Ermordung Ihres Vaters den Eindruck, dass Susanne wieder auf dem richtigen Weg, zurück in die Bürgerlichkeit, sei. Sie haben, so sagt meine Mutter, gerade weil Susanne die Nähe zu Ihren Eltern suchte, geglaubt, sie hätte sich gefan-

gen. (...) Meine Eltern wussten, dass meine Schwester sehr aktiv im sehr linken Milieu war, und haben sich darüber sehr gesorgt. Aber es gab, soweit ich weiß, keine Hinweise darauf, dass Susanne etwas mit [dem RAF-Überfall von 1975 auf die Deutsche Botschaft in] *Stockholm zu tun gehabt hätte, und ich bin mir sicher, dass meine Eltern Entsprechendes nicht angenommen haben. Es gab allerdings die Festnahme an der niederländischen Grenze. Ich weiß nicht genau, wie meine Eltern das gewertet haben. Ich habe aber den Eindruck, dass meine Eltern – das ist übrigens für mich selbst schwer verständlich – diese Festnahme oder auch Susannes Beteiligung an einer der ersten Hausbesetzungen in Hamburg nicht in einem Zusammenhang gesehen haben, der sie über die schon vorhandene Sorge hinaus aufmerksam und kritisch gemacht hätte. Vielleicht im Gegenteil: Sie wollten ihr vertrauen. Sie wollten auch darauf vertrauen, dass sich alles wieder einrenken würde. Aber das ist zum Teil Spekulation.*

Es ist nicht mein Anliegen zu versuchen, etwas zurechtzurücken oder zu verteidigen. Die schreckliche Tat meiner Schwester ist mir zutiefst fremd. Der Verrat an Ihrer Familie wiegt für mich unendlich schwer, und er ist für mich so unbegreiflich, so unvorstellbar wie kaum etwas Anderes auf der Welt.

Mit freundlichen Grüßen,
Julia Albrecht

Ich war aufgeregt, nachdem ich den Brief an die Adresse der Jürgen Ponto-Stiftung abgeschickt hatte. Aber ich hatte keine Vorstellung, was sich daraus ergeben könnte. Ich fühlte eine Art Scham in mir aufsteigen. Wieso hatte es so viele Jahre gebraucht, bis ich an Corinna gedacht hatte? Wieso hatte ich seit der Tat, also seit dreißig Jahren, immer nur an unsere Geschichte und unser Leid gedacht, mich aber noch nicht einmal gefragt, wie es der Familie Ponto danach ergangen war? Die Familie Ponto, den Mord an Jürgen, hatte ich durch die Brille der Schwester einer Mittäterin gesehen. Nicht aber aus der Sicht der Opfer. Einerseits ist es vielleicht ganz normal, dass man in einer solchen Situation nur das eigene Unglück sieht und alles andere ausblendet. Andererseits scheint es mir menschlich völlig inakzeptabel, dass sich unsere Familie, nachdem Ignes Ponto im Herbst 1977 meinem Vater geschrieben hatte, dass sie keinen Kontakt mehr wolle, weil ein gemeinsames Trauern um ihren toten Mann und seine verschollene Tochter unmöglich sei, nie wieder um Pontos bemüht hatte.

Besonders bitter schien mir, dass mein Vater – der ebenso der Patenonkel von Corinna war wie Jürgen meiner – nie mehr einen Brief an Corinna geschrieben hatte. Oder hatte er? In seinem Nachlass befinden sich Briefe aus allen Lebensphasen. Auch ein »Brief« an seinen toten Freund Jürgen aus dem Jahre 1992 ist dabei. Hier schreibt mein Vater: »Viel zu selten und viel zu oberflächlich habe ich Deiner und Deiner Familie in all diesen Jahren gedacht. Ich hatte wohl nicht die Kraft oder den Mut dazu …«

Es ist merkwürdig, wie sehr Erwachsene dazu neigen, Kinder zu übergehen. Und gleichzeitig weiß ich inzwischen, wie schwer es ist, das richtige Maß zu finden, was Geschichten angeht, die man seinen Kindern erzählt.

Corinnas Antwort kam prompt:

Liebe Julia Albrecht,
dass Sie mich in Ihrem Brief mit »Sie« anreden, ist sehr feinfühlig – also werde ich auch so antworten. (…) Ich danke Ihnen für Ihren Brief. Wir sollten uns sehen – immer wieder habe ich auch an Sie und Ihre Empfindungen und Ihren Schrecken gedacht. Das geht mir auch sehr nahe. Es wird gut sein zu sprechen. Glauben Sie mir, ich habe ein sehr vielschichtiges Bild über die RAF und auch über Ihre Schwester,

*und ich habe immer versucht, mich so vorsichtig wie möglich
zu äußern.*
*Vielleicht sollten wir uns auch erst einmal nur schreiben, das
mag uns zunächst leichter fallen, und es wäre auch eine Erinnerung für uns.*
Mit freundlichem Gruß
Corinna Ponto

Ich freute mich. Ich tanzte auf einem Bein. Ich hatte das Gefühl, dass wir den Anfang eines Fadens gesponnen hatten,
der wichtig werden könnte. Dabei wusste ich nicht, was wir
zu besprechen haben würden.
So wechselten wir einige Briefe. Ich wollte sie treffen. Ich
wollte an irgendetwas anknüpfen. Ihr Vater war tot, meiner
war bereits sehr schwach und starb im Dezember 2007, sieben Monate, bevor Corinna und ich uns zum ersten Mal trafen. Ich hoffe, er hat noch verstanden, dass Corinna und ich
Kontakt zueinander aufgenommen hatten.
Das erste Treffen fand auf dem Pariser Platz in Berlin statt.
Für Corinna war es wichtig gewesen, sich unter freiem
Himmel zu treffen. Ich war pünktlich mit dem Fahrrad da,
konnte aber zunächst nicht auf den Platz gelangen, der
hochsicherheitsmäßig abgesperrt war. Ein Polizist vor dem
Hotel Adlon sagte, die US-Außenministerin Condoleezza
Rice sei in der Stadt und werde gleich vorfahren. Schließlich
fand ich von einer anderen Seite einen Zugang zum Platz.
Auf der Bank, an der wir uns verabredet hatten, saß eine
große blonde Frau in Jeans und schaute auf ihr Handy. Als
sie mich sah, stand sie auf, und als ich bei ihr war, nahm sie
mich in die Arme.
Damit war das Eis gebrochen. Dass sie mich in die Arme
nahm, fand ich unglaublich. Und extrem erleichternd. Diese
Geste zeugte für mich von so viel Großzügigkeit, dass mir
schon deshalb alles möglich erschien.

Später, bei einem weiteren Treffen, erzählte Corinna, sie habe in mir meinen Vater erkannt oder erspürt, und in gewissem Sinne sei diese Begegnung für sie auch die Begegnung unserer Väter gewesen. Für mich war das anders. Zum einen habe ich vielleicht keine so innige Beziehung zu meinem Vater gehabt wie Corinna zu ihrem. Zum anderen aber fühle ich mich als Angehörige einer Täterin, die der Angehörigen des Opfers begegnet. In mir sind immer auch Scham- und Schuldgefühle präsent, die mir den Umgang mit der Geschichte – und mit Corinna – erschweren.

Auf einer Bank
am Pariser Platz

Corinna Ponto

Wenn ich an unsere erste Begegnung denke, bleibe ich kurioserweise immer an den beiden jungen Polizeibeamten hängen, die genussvoll Apfelkerne ausspuckten. Sie saßen mit baumelnden Beinen in der Tür ihres Mannschaftswagens, zwei Meter von unserer Bank entfernt. Ihr Lächeln – sie konnten ja nicht ahnen, wem sie da die Kerne vor die Füße zielten – traf auf unser Staunen, auf die große Spannung, die wir in diesem Moment empfanden. Wir lächelten zurück, weil die Situation so »traumhaft« komisch war.

Da trafen wir uns, zwei Pole einer politischen Geschichte, die die Bundesrepublik aufs Äußerste gefordert hat und bis heute eine der größten Herausforderungen ihrer Geschichte darstellt, nach über dreißig Jahren ausgerechnet auf dem in diesem Moment am schärfsten bewachten Platz in ganz Deutschland. Hubschrauber kreisten über uns, jeder Zentimeter des Platzes war von Polizeiwagen abgesichert, und diese beiden Vertreter der neuen Generation Staatsgewalt lächelten uns frohgemut an und kauten Äpfel. Das Geräusch der aufprallenden Kerne höre ich noch heute deutlicher als den impertinenten Lärm der Hubschrauber.

Auf der Bank am Pariser Platz begann ein Dialog, in dem wir beide auf gemeinsame und unterschiedliche Fragen schauten, und wir fingen an, uns gegenseitig von einzelnen Lebensabschnitten zu berichten. Unser Gespräch bekam bald einen fließenden Rhythmus des wechselseitigen Erzählens, von Anfang an auch unterbrochen von Pausen des Respekts. Das Gespür, wann wir besser zu sprechen aufhörten, war immer präsent.

Bei unserem ersten Treffen standen Julia Tränen in den Augen. Ihre erste Frage war: »Haben Sie ein Taschentuch?«

Ich gab ihr eines mit den Worten: »Normalerweise habe ich nie eines dabei.«

Bei unserem zweiten Treffen habe ich geweint.

Wir trafen uns in dem Gedanken, diesen Dialog, einander schreibend, fortzusetzen, um unsere Erinnerungen zu stärken und festzuhalten. Das Vertrauen, uns auf einen gemeinsamen Weg zu machen, entwickelte sich gleichzeitig und spontan. Indem wir uns die Erinnerungen mitteilten, konnten wir sie teilen.

Eine Geschichte aus dem letzten Jahrhundert

Corinna Ponto

Wir sind eine ganz normale Familie. Wir lachen viel, wir albern, wir streiten uns. Unsere Kinder wachsen heran. Doch parallel dazu wächst etwas schattenhaft Drohendes heran. Da gibt es einen spalttiefen Riss in der Familiengeschichte, der zwar kollektiv beobachtet wurde und der mit diesem Land zu tun hat, aber er wird von uns als Einzelschicksal erlebt.

Wir leben in der Gegenwart, wir lernen für die Zukunft und machen uns Gedanken um sie – in die Vergangenheit schauen wir kaum. »Das erzähle ich dir, wenn du größer bist!« Wie lange kann ich diesen Satz noch zu meinen beiden Kindern sagen?

Es gibt zwei Fluchten in der Familiengeschichte. Die Geschichte der Flucht der Familie ihrer Großmama vor dem Kriegsterror wurde ihnen schon erzählt. Zehn Tage brauchten ihre Geschwister mit dem letzten Lazarettzug aus Schlesien, unterbrochen von Bombenangriffen, bis zum Internat in Brandenburg, wo sie meine Mutter abholen wollten. Sie verpassten sich und fanden erst nach vier Wochen Bangen in Holstein wieder zusammen. Jedoch die zweite, die Flucht vor dem RAF-Terror, die kam mir noch nicht über die Lippen. Yorck und David sind jetzt vierzehn und elf Jahre alt, und noch immer empfinde ich eine Scheu, ihnen alles genau zu erzählen – aus der Sorge heraus, sie könnten sich angesichts der ins Private eingedrungenen Gewalt zu sehr fürchten.

Inzwischen, Julia, habe ich meinem älteren Sohn nach Andeutungen über das Jahr 1977 von unserer Begegnung erzählt, woraufhin er meinte, Du müsstest ja ganz alt sein. Für ihn ist es eine Geschichte aus dem letzten Jahrhundert. Ja, es ist eine Geschichte aus dem letzten Jahrhundert – aber Du bist jung, und unsere Begegnung ist jung, eine Zeitmaschine gewissermaßen.

Jahrelang war es eine Art tragischer »Unfall«, bei dem der Großvater ums Leben kam, dann trat allmählich der Begriff »Terroristen« auf die Geschichtenbühne – aber den ganzen Ablauf, Terrorgeschichte im Wohnzimmer, von Anfang an chronologisch bis zum heutigen Tag erzählen? Wie?

Soll ich aus dem von Deiner Schwester unterzeichneten »Bekennerbrief« zitieren: *die Typen, die Kriege in der Dritten Welt entfesseln und Völker ausrotten?* Der verschmitzt lächelnde Großvater im Bilderrahmen soll *Völker ausgerottet* haben? Die Augen der Kinder würden sich ungläubig weiten.

Soll ich den flammenden Nachruf von Gräfin Dönhoff vorlesen, soll ich andere niveauvolle Artikel aus dem Herbst 1977 zitieren oder soll ich nur meine eigenen Worte nehmen – ich hätte sie schon, aber ich mag sie nicht aussprechen, will aus irgendeinem Grund die Kinder nicht mit meinen Gefühlen beeinflussen. Also, was tue ich? Ich lasse den Raum der Vergangenheit verschlossen.

Julia, wie merkwürdig – sollten wir uns nun wirklich trauen, diesen Raum gemeinsam zu betreten?

Vielleicht können wir – jenseits der endlosen Regalmeter von RAF-Deutungen – bisher Unausgesprochenes und nicht Dargestelltes aufzeigen? Das ruft neben der Sorge um den schweren Weg, den wir damit zu gehen haben, auch eine bewegte Neugier in mir hervor. Den vor allem mit der Geschichte der *Täter* verbundenen Deutungsanspruch zu hinterfragen, der jahrzehntelang die RAF-Rezeption geprägt hat, mag nebenbei geschehen, sollte aber nicht das Hauptmotiv sein. Mir geht es vor allem darum, andere Mosaiksteine in das existierende Bild einzufügen. Für uns wird es wahrscheinlich nicht möglich sein, eine umfassende Spurensuche zu unternehmen – wir werden jedoch sicherlich manches schildern, das bisher übersehen und noch nicht dargestellt wurde.

Gewiss können wir beide auch in die »Innenräume« gehen – den Innenraum der Tat und die Innenräume unserer Erinnerungen und Gefühle. Unsere Geschichte ist nur eine Miniatur in dem ganzen »RAF-Komplex«, aber sie kann dazu beitragen, den Opfern nicht nur das Gesicht, sondern auch ihre eigene Geschichte wiederzugeben.

Kollektives Leid kann zu kollektivem Empfinden führen. Die Zeit der RAF gehört zwar zum kollektiven Gedächtnis des Landes, aber es gab kein gemeinschaftliches Leid, und mitnichten gibt es ein kollektives Empfinden. Das Drama interessierte und es wurde auch gern verwertet, politisch, kulturell, medial, aber der leidvolle Abgrund dahinter wurde nicht gesehen.

Der 30. Juli

Corinna Ponto

Ich war nicht dabei.

Es war ein Samstagnachmittag. Ein mild beleuchteter Hoch-
sommertag. Die gepackten Koffer für eine lang geplante Süd-
amerikareise standen in der Garderobe. Mein Vater hatte als
Kind sechs Jahre in Ecuador verbracht. Die ganze Familie,
und das war schon selten geworden, wollte eine Reise zu
seinen Kindheitswurzeln unternehmen und die weitläufige
Verwandtschaft einer dort lebenden Cousine besuchen.

Die türhohen Fensterläden zur Terrasse waren, bis auf einen kleinen Spalt vor den Wohnzimmerfenstern und vor der
hintersten Tür im Esszimmer, die weit offen stand, schon ge-
schlossen. Der Lichtstrahl, der durch diesen Spalt fiel und die
Dunkelheit des Raumes durchteilte, sollte meiner Mutter –
im Schatten hinter diesem »Lichtvorhang« vor den Angrei-
fern verborgen – eine Viertelstunde später das Leben retten.

S. hatte spät am Vorabend angerufen und wollte dringend
vorbeikommen, der Besuch wurde dann aber auf den Nachmittag des folgenden Tages gelegt. S. verspätete sich eine
halbe Stunde. Meine Eltern, denen die Zeit bis zur Abreise
knapp wurde, tranken auf der Terrasse schon einmal Tee.
Meine Mutter hatte ihrer Schwester Renate noch einen Anruf versprochen und begann ein Telefonat, das eine Art drit-
ter Zeugenschaft begründete; es wurde mehrfach unterbrochen, lief aber auf einer Parallelspur des Dramas immer

weiter, sodass ich später einmal auf den absurden Gedanken kam: Man könnte das Geschehen theatralisch formuliert auch *Das Telefongespräch* nennen.

Zunächst sprach mein Vater mit seiner Schwägerin. Sie plauderten, da die Reise in die Vergangenheit führen sollte, von alten Zeiten. Dann klingelte es an der Haustür.

Herr M., der Firmenfahrer meines Vaters, sagte, Susanne Albrecht sei da »mit zwei weiteren Herrschaften«. So redete er normalerweise nicht.

Auch meines Vaters Gegenfrage: »Wie schauen die denn aus?«, war sehr ungewöhnlich.

Die Antwort von Herrn M.: »Ganz manierlich.«

Nahmen da Sekunden-Intuitionen etwas vorweg?

Herr M. war nur wegen der bevorstehenden Abreise im Haus – er lebte nicht bei uns –, in einer Stunde sollte die Abfahrt sein. Mein Vater wollte das Telefongespräch noch beenden und bat Herrn M., die drei Besucher zunächst in sein Arbeitszimmer zu führen. Beim Übergeben des Telefonhörers an meine Mutter legte er aus Versehen auf.

Meine Mutter wählte neu und erzählte meiner Tante gerade, dass S. eingetroffen sei, als die drei Besucher plötzlich vor ihr auf der Terrasse standen: ein bleicher junger Mann, eine ebenfalls unbekannte Frau und S. mit einem fast schon verwelkten Heckenrosenstrauß in der Hand – alle drei sportlich elegant *zurechtgemacht*.

Meine Mutter bat meinen Vater daraufhin, das Telefongespräch ins Wohnzimmer umzustellen, damit sie es fortsetzen konnte – er solle erst auflegen, wenn er ihre Stimme am anderen Apparat gehört habe. Ihr schoss noch der Gedanke durch den Kopf: Die drei müssen wohl Sorgen haben, die sie mit ihm besprechen wollen. Sie setzte das Gespräch mit meiner Tante nach dem vergewissernden »Gut, ich leg nun auf« meines Vaters und dem Verbindungsknarren in der Leitung im Wohnzimmer fort.

Und genau in den nun folgenden dramatischen Minuten verwoben sich zwei deutsche Geschichtsachsen schicksalhaft. Renate von Moltke ist eine Schwägerin von Helmuth James von Moltke. Als Widerstandskämpfer war er von Hitlers Naziterroristen im Januar 1945 in Berlin-Plötzensee hingerichtet worden. Nach 32 Jahren erlebte meine Tante nun als stumme Zeugin, wie wieder ein Schwager von anderen Terroristen hingerichtet wurde. *Hitlers Kinder* hat die englische Publizistin Jillian Becker die RAF-Terroristen genannt – in diesem Moment, durch diese Telefonader, waren beide deutsche Terrorphasen miteinander verflochten.

Wenn ich auf diesen Moment schauen soll, wende ich immer noch innerlich den Kopf ab, daher soll meine Mutter hier selbst zu Wort kommen, denn sie ist Zeugin der Tat:

Im Haus ist es dunkel. Nur ein Strahl Tageslicht flutet durch die Tür, durch die alle eben auf die Terrasse getreten sind, in den Essraum. Ich eile ins angrenzende Wohnzimmer, um Jürgen nicht lang auf meine Stimme warten zu lassen, und setze das Gespräch mit meiner Schwester fort. Während sie spricht, höre ich Jürgen, ins Esszimmer kommend, laut sagen: »Da wollen wir mal eine Vase holen.«

Kurz darauf: »Sie sind wohl wahnsinnig geworden!«

Ich sitze hinter einem kleinen Kaminvorsprung und beuge mich erschrocken vor und schaue in die Richtung seiner Stimme. Erstarrt sehe ich den bleichen Mann und Jürgen, vom Außenlicht nur schwach beleuchtet, vor dem Esstisch stehen. Beide halten einen Arm hochgestreckt, wo die Arme zusammenkommen, ragt eine Pistole. Jürgen hat die Pistole in Selbstverteidigung dem Mann entwinden wollen. Ihr Lauf zeigt nicht mehr auf ihn, als sich ein Schuss löst. Später rekonstruierte man, dass der erste Schuss in das Fenster einschlug.

Sekunden danach lebt er nicht mehr, denn die andere Frau

kommt durch die Terrassentür hereingestürmt, hereingestürzt und feuert viele Male. Ich kann Jürgen nicht mehr sehen – er muss zurückgetreten sein –, das Zimmer ist voller Pulverdampf. Es ist alles unheimlich leise und geht rasend schnell. Doch wie bei einer Unfallerinnerung sind diese Bilder zeitlupenlangsam in mir. Jürgen stürzt getroffen wenige Meter vor mir zu Boden. Die Mörder rasen, angeführt von Susanne, aus dem Zimmer.

Den Hörer habe ich unbewusst aufgelegt – ich wähle den Notruf, schreie nach Polizei, Rettungswagen, stürme zu Jürgen, kann nicht fassen, nicht begreifen, was ich sehe. Der Fahrer sieht es mit einem Aufschrei, wir betten Jürgen auf Kissen – er lebt noch, aber er bewegt sich nicht mehr, liegt in einer Lache von Blut auf dem Angesicht.

Ein Opfer der »Kriegführenden« mitten im Frieden.

Eine Hinrichtung nennen sie es. Den sie kamen zu entführen, haben sie hingerichtet, in Sekunden – einen freundschaftlich gewogenen Gastgeber in seinem gastfreien Hause.

Sieben lange Minuten hocke ich neben ihm. Ein Hubschrauber landet auf der Wiese vor dem Haus, zwei Sanitäter eilen ins Zimmer. Wortlos öffne ich die große Mitteltür, aus der sie ihn hinaustragen.

Ich werde zu Stein, als er seinen tosenden Flug in den Tod antritt.

Da ist es wieder, dieser lähmende Schlag – wie schon einmal.

[Meine Mutter verlor als Kind im Alter von 14 Jahren ihre Eltern bei einem Bombenangriff auf einen Luftschutzkeller in Berlin.]

Es ist, als ende alles Leben, alles Lebendige in mir.

Ich fühle, dass er sterben wird – sterben aus der Stille eines sonnengetränkten Nachmittags des Friedens.

Dann beginnt das Haus nicht mehr mein Haus zu sein. Kriminalbeamte, Polizei und ihre Signale, Anrufe ... wie es den Kindern sagen – was als Nächstes tun? Ich möchte für ihn beten – der Pfarrer sitzt fünf Minuten später neben meinem Bett, aber ich bin ein Stein, und das Steinerne des Schocks weicht nicht mehr von mir.

Ich umarme meine Kinder als Stein, meine Freunde, die Familie – die vielen, vielen Menschen.

Ich kann keine Totenwache halten wie damals – ich muss mich entscheiden, planen, ich habe Verantwortung für das Weitere, für die vielen Verzweifelten um mich herum.

Ich bin ein Stein und ohne Tränen.

Liebe Corinna,

der Bericht Deiner Mutter treibt mir die Tränen in die Augen. Es ist unvorstellbar, dass Deine arme Mutter den Mord mit ansehen musste. Es ist unvorstellbar, wie sie das psychisch überstanden hat. Dieses Maß an Gewalt macht mir furchtbare Angst, und Deine Mutter scheint es – nicht als Stein, wenn ich Deine Worte über sie richtig deute – überlebt zu haben. Dabei scheint es mir fast unmöglich, solch ein Ereignis zu verkraften.

Deine Julia

Der erste Tag der Sommerferien

Julia Albrecht

Der 30. Juli 1977 war ein Samstag. Es war der erste Tag der Sommerferien. Ich war damals 13 Jahre alt. Ich habe diesen Tag als sehr hell in Erinnerung. Das weiße Licht des Sommers.

Am Abend gingen meine Eltern mit mir essen, zur Feier des Tages. Als Belohnung für ein gutes Zeugnis und Auftakt für viele Wochen ohne Schule. Elisabeth durfte mitkommen, seit der dritten Klasse war sie meine beste Freundin. Nach meiner Erinnerung waren wir in einem Steakhaus in der Waitzstraße, wo ich gerne hinging. Meine Mutter und Elisabeth erinnern sich aber, dass wir in einem Restaurant an der Elbe aßen.

Als wir nach Hause kamen, war es noch hell, Sommer eben. Wir verabschiedeten Elisabeth, die mit ihrer Familie in einem Haus schräg hinter dem unseren wohnte und nur über den Zaun klettern musste, um daheim zu sein. Mein Vater, meine Mutter und ich gingen die Treppe im Hausflur des dreigeschossigen Hauses hoch. Ein von außen unattraktiver Kasten mit weißer Klinkerfassade, wie sie in den Siebzigerjahren gebaut wurden, mit klar strukturierten Wohnungen innen, mit vielen Fenstern und Licht, in dem wir das oberste Geschoss mit umlaufendem Balkon bewohnten. Oben, hinter der Eingangstür, hörten wir das Telefon klingeln. Ich erinnere mich an ein etwas hektisches Mit-dem-Schlüssel-am-Schloss-Hantieren, das knapp Danebenstecken des Schlüssels, wo man doch sonst, wenn es nicht drauf ankommt, immer sofort trifft. Schließlich hatte mein Vater die Tür geöffnet und den Hörer des Telefons, das gleich hinter der Tür auf der Kommode stand, abgenommen. Es war noch lange vor der Zeit von Handys und schnurlosen Telefonen. Man telefonierte dort, wo sich das Telefon befand.

Meine Mutter und ich standen bei meinem Vater.

Ich erinnere mich nicht mehr an einzelne Wörter oder Sätze. Nur daran, dass sofort klar war, etwas Grauenhaftes musste passiert sein. Es gab keinerlei Unklarheit. Mir scheint, als hätten wir alles gleich gewusst. Susanne war Teil einer RAF-Aktion gewesen. Auf Jürgen Ponto war geschossen worden. Meine Schwester war mit zwei Begleitern da gewesen. Sie hatte nicht selbst geschossen, war aber mit den Mördern ins Haus gekommen. Sie, als Familienfreundeskind, hatte den Einlass der Gruppe ins Haus ermöglicht.

Tatsächlich ist mir nicht ganz klar, ob Jürgen zu dem Zeitpunkt noch lebte. Irgendwie meine ich mich zu erinnern, dass er im Krankenhaus war. Gleichzeitig war mir aber auch klar, dass es keine Hoffnung mehr gab.

Am anderen Ende der Leitung war der Schwager von Jürgen, der Bruder von Ignes Ponto. Es ist mir ein Rätsel, wie es Corinnas Onkel möglich war, unmittelbar nach der Tat meinen Vater anzurufen und ihm von dem Anschlag auf Jürgen zu berichten.

Meine Mutter erzählt mir, ich sei danach stundenlang durchs Wohnzimmer gelaufen und hätte gesagt: »Susanne hat nicht geschossen, Susanne hat nicht geschossen.« Lange Zeit habe ich gedacht, dass dieser Satz eine Art Beschwörungsformel war. Dabei habe ich doch nur gesagt, was geschehen – oder eben nicht geschehen – war. Denn Susanne hatte nicht geschossen. Und meiner Erinnerung zufolge hatte mein Vater auch diese Information bereits am Telefon erhalten. Susanne hatte den Zutritt ermöglicht. Sie hatte Pontos am Vorabend angerufen und dringlich um ein Treffen gebeten. Pontos hatten gesagt, sie wollten am nächsten Tag verreisen. Susanne hatte dennoch auf ein Treffen gedrängt. Und Pontos hatten eingewilligt und sie für den nächsten Tag zum Tee eingeladen.

Meine Mutter erinnert sich, wie ich später mit angezogenen Beinen auf dem Sofa gesessen und gefragt hätte, wann ich sie wiedersehen würde. Vom ersten Augenblick an war die maßlose Sehnsucht nach der abwesenden Schwester ein fast ebenso überwältigendes Gefühl wie das Grauen über die Tat. Die Frage, wann ich sie wiedersehen würde, begleitete mich quasi von der ersten Sekunde an.

13 Jahre nach der Tat schilderte Susanne den Tathergang laut Vernehmungsprotokoll vom 16. Juli 1990 den Beamten der Bundesanwaltschaft gegenüber so:

Ich klingelte an dem Außentor, und durch die Gegensprechanlage wurde gefragt, wer dort sei, und ich nannte meinen Namen. Daraufhin wurde der Türdrücker von innen bedient und die Tür geöffnet. Wir drei gingen hinein. Wir wurden drinnen von einem älteren Mann empfangen, und ich sagte, dass wir zu Jürgen Ponto wollten. Dieser war im Nebenzimmer, im Wohnzimmer wohl, kam dann heraus und begrüßte uns. Wir wurden dann in das Wohnzimmer geführt von Herrn Ponto, sagten ihm guten Tag, und aus meiner Erinnerung war es so, dass ich Frau Ponto gar nicht gesehen habe, sondern [sie] nur im Nachbarzimmer, das war so 'ne offene Verbindungstür, würde ich mal sagen, telefoniert hat. Also, ich hab sie gehört.
Wir gingen also zusammen ins Wohnzimmer, ich möchte

das mal demonstrieren, wie die Stellung war, vor der Tötung Pontos. Ich oder Frau Mohnhaupt übergab noch Blumen, ich weiß nicht, ob die weggelegt oder in 'ne Vase gestellt oder abgegeben worden sind. Wir standen zusammen im Zimmer, wobei Herr Ponto etwa 'ne Mittelposition einnahm. Links von mir stand Herr Klar und rechts Frau Mohnhaupt. Es war etwa so, dass man sich halb um ihn herum gruppierte. Nach kurzen Begrüßungsfloskeln zog Herr Klar seine Waffe zuerst, fast im selben Moment dann auch Frau Mohnhaupt, und er sagte dem Inhalt nach: »Wir wollen Sie entführen«, *worauf er [Jürgen Ponto] eine Bemerkung machte so in der Richtung:* »Sie sind verrückt« *oder in der Art, genau weiß ich das nicht mehr. Er sagte das mit ruhiger, eher leiser Stimme. Er streckte daraufhin seine Arme aus, machte aber keine schnellen Bewegungen auf irgendjemanden zu, sondern die Arme waren ziemlich breit, also es sah mehr aus, also in der Richtung von Frau Mohnhaupt, und es war so 'ne Abwehrposition. Eine Abwehrposition, keine aggressive Position, dass er jetzt auf jemanden zugegangen wäre oder irgendwie zum Schlag ausgeholt hätte, so was war überhaupt nicht vorhanden.*

Als er sich in Richtung von Frau Mohnhaupt bewegte, das war ja alles nur ein kleiner Kreis, es waren ja keine großen Entfernungen, schoss Herr Klar mehrere Male, wie oft kann ich mich nicht erinnern. Ich kann nicht mit Sicherheit sagen, ob daraufhin Frau Mohnhaupt auch schoss. Ich habe Frau Ponto während dieser Zeit nicht gesehen, ich hörte nur weiterhin ihre Stimme am Telefon, wohl dann auch irgendwie einen Schrei von ihr, nachdem die Schüsse gefallen waren. Herr Ponto stürzte zu Boden, blieb am Boden liegen, und wir liefen aus dem Haus.

Wenige Monate später, am 5. Februar 1991, präzisierte Susanne ihre Aussage noch einmal:

Es gab kein Gerangel mit Herrn Ponto, die tödlichen Schüsse waren also völlig unnötig. Es ist auch nicht so, dass Klar den Schuss unabsichtlich abgegeben hatte, es war vielmehr ein absichtlicher Schuss.

Der Rest des Abends des 30. Juli 1977 bleibt für mich blank. Ich weiß, dass meine anderen Geschwister, die damals schon lange nicht mehr zu Hause wohnten, zu uns kamen. Ich weiß aus Erzählungen, dass mein Vater mit Herzproblemen kämpfte und dass jemand ihn zum Arzt begleitete. Ich weiß, dass auf einmal alles anders war – aber das war nur als ein Schatten zu spüren und für mich nicht einmal im Ansatz begreiflich.

In dieser Nacht schliefen wir drei, meine Eltern und ich, gemeinsam in einem Bett. Das hatten wir noch nie getan. Es war dem Grauen geschuldet, dem Wunsch, sich aneinander anzulehnen, Trost zu erhalten, wo es keinen Trost gab. Ich kam an den Rand und lag halb im Buchregal, in das das Bett eingebaut war und das wir notdürftig mit einer Decke ausgepolstert hatten. Ich habe das Gemeinsam-in-einem-Bett-Schlafen als eine Geste der Nähe verstanden, als Zeichen, jetzt zusammenzuhalten. Sich gegenseitig Schutz zu gewähren.

Ich erinnere mich, dass ich in dieser Nacht mit der Frage rang, ob das moralische Versagen meiner Schwester irgendwie mit meinen Eltern zu tun haben könnte. In meiner kindlichen Logik war es für mich einfacher zu glauben, dass Susanne etwas so Grauenhaftes, so Abgründiges nicht selbstverantwortlich, aus eigenem Antrieb, getan haben konnte. Sie tat mir unendlich leid, und ich dachte, meine Eltern müssten dafür verantwortlich sein, wenn sie so jenseits jeder Moral und Menschlichkeit gehandelt hatte.

Dieses Misstrauen hat sich über viele Jahre gehalten. Erst als ich die Zusammenhänge besser verstand und zur Kenntnis nehmen musste, dass meine Schwester sehr gezielt über mehrere Jahre ihren Weg gegangen war, schrieb ich ihr die Verantwortung für das, was sie getan hatte, zu und konnte meine Eltern wieder entlasten.

Das Merkwürdige ist, dass nicht nur ich Susanne spontan von Schuld freisprach, sondern dass alle anderen in unserem näheren Umfeld das auch taten. Im Unterschied zu mir sprachen sie allerdings auch meine Eltern gleich mit frei. In den vielen Briefen, die meine Eltern damals erhielten, ist – zum Teil ganz direkt, zum Teil zwischen den Zeilen – zu spüren, wie erleichtert die Absender sind, dass es nicht sie und nicht ihre Kinder getroffen hat.

Mein Schmerz war völlig unartikuliert und wild. Ich trauerte um den Verlust der Schwester, ich hatte panische Angst vor einem weiteren Gewaltverbrechen, dessen Opfer ich sein könnte, ich fühlte mich bloßgestellt meinen Freundinnen und Freunden gegenüber und wie nichtexistent, weil ich von diesem Tag an für viele Jahre in den Augen der anderen die Schwester von Susanne war – und nichts anderes.

Liebe Julia,

Nach so vielen Jahren aus Deiner Sicht den Tag zu empfinden, trage ich wie ein erweitertes Gefühlsalbum von nun an mit mir.

Der letzte Satz Deines Textes – Du warst für Jahre die Schwester und nichts anderes – beschreibt eine ganze Welt, die ich kenne: das Stigma des Opferseins, wie ich es nenne. Erlebt habe ich es aber erst einige Jahre später, als ich wieder zurück in Deutschland war, denn in Amerika hatte ich mich vom ersten Tag an in einer völlig abgekoppelten Biografie befunden. Davon möchte ich Dir später erzählen.

Auch kenne ich das von Dir geschilderte *Erleichtertsein der anderen*. Und *wie* ich es kenne! Das findet sich in allerkleinsten Molekülen – im *Nur-nicht-Berühren* des RAF-Themas, denn *es geht uns ja nichts an*. Manchmal erlebe ich das heute sogar noch deutlicher, und dann ertappe ich mich, wie ich manchen Wohlsituierten in ihrer Selbst- und Weltsicherheit mit einer inwendigen Frage begegne: *Haben die nichts erlebt?* Diese wiederkehrende Frage ist wie ein inneres Tonband. Wenn es knisternd anläuft, schiebt sich augenblicklich eine unsichtbare Wand vor die Begegnungen und Gespräche. Ja, je länger ich darüber nachdenke: Ich teile die Menschen manchmal unbewusst ein – in die, die etwas *erlebt* haben, und die, die *nichts* erlebt haben.

Im Grunde genommen ist das natürlich ein abwegiger Gedanke. Jeder hat sein Paket, seine Erfahrung, sein Leid zu tragen, aber da gibt es dieses Unteilbare, dieses Andere. Eine Skulptur von Vadim Sidur, die ich zusammen mit meinem Vater einmal in Kassel gesehen habe, hat mir beim Nachdenken darüber, was dieses Andere ist, geholfen. Die Skulptur trägt den Titel »Den Opfern der Gewalt«. Es ist nur ein Opfer dargestellt – symbolisch für alle. Die Figur ist gebeugt, und ihre Arme sind von hinten über dem Kopf gefesselt. Beides ist wahr: Das Opfer wird über alle Schmerzgrenzen gebeugt, und die Gewalt ist immer hinterrücks. Die eigene Kraft wird geraubt und gefesselt. Und genau das ist der Unterschied zwischen gewaltlos Gestorbenen einerseits und Opfern von Terror, Mord und Attentaten andererseits.

Das Opfer wird gebeugt und damit auch das Bild des gelebten Lebens, der eigenen Biografie. Mein lebenslustiger, humorvoller Vater hat für immer die Imago eines Getroffenen. Der Rahmen um sein Bild wird für immer in Schwarztönen gehalten sein, obgleich das gelebte Leben so bunt war. Der gewaltsame Tod übermalt diese Farbigkeit. Darin liegt für mich die subtilste, fürchterlichste Gewalt, und ich selbst kämpfe heute noch mit diesem Rahmen.

Deinen Text kann ich nur in Abschnitten lesen. Bei dem Vernehmungsprotokoll von S. musste ich eine lange Pause machen und las nur wie aus den Augenwinkeln. Ich kenne dieses Zögern. Den Kopf abgewandt, die Augen schnell zugekniffen – so habe ich immer die Fahndungsplakate wahrgenommen, ob im Original oder auf den Krimiwänden in Fernsehproduktionen.

S.' Beschreibungen sind beachtlich ungenau. Bei der Begrüßung war meine Mutter nicht im Nebenraum, sondern, wie schon geschildert, auf der Terrasse. Auch die Beschreibung von Herrn M. ist völlig falsch. Er war kein älterer Herr, sondern ein jugendlich wirkender, sportlicher 30-Jähriger.

Nach dem, was ich gehört habe, ging mein Vater nach dem Abwehren der Pistole, die Christian Klar auf ihn richtete, mit einer ganz offenen, beide Arme weit ausstreckenden Geste auf den nächsten Angriff der Terroristen zu – wohl mit einer inneren Stimme: *So wehrlos, wie ich bin, müsst ihr mich schon töten.* Meine Mutter sagte mir, es war eine ganz deutliche Geste, ruhig und sicher.

Julia, das ist schwer für mich, für Dich.

Deine Corinna

»It's over« – die Nachricht

Corinna Ponto

Es war der Abreisetag nach einem vierwöchigen »Studien-
aufenthalt« in London. Ich befand mich in der lebensleich-
ten Orientierungsphase nach dem Abitur. Meine Freundin,
die japanische Pianistin Mitsuko Uchida, hatte mir ihre
Wohnung zur Verfügung gestellt, da sie auf langer Konzert-
tournee war. Sie empfahl mir, mich mit der traditionsver-
wurzelten englischen Theatersprache zu beschäftigen, was
ich, das deutsche Theater im Sinn, unter großem Staunen
auch tat. Parallel streifte ich durch die Stadt und begegnete
im späten Licht eines Nachmittags im Kensington Park Raoul, meiner heftigen Sommerliaison argentinischen Tempe-
raments. Es waren aufregende Wochen.
Die sollten nun zu Ende gehen. Ich beendete mit leichtem
Sinn die Ferienbegegnung. Nachdem die letzten Sachen in
den Koffer gepackt waren, ging ich nochmals in den Park,
doch schon schwermütig gestimmt und traurig, denn mein
Vater hatte mich am Vorabend angerufen und mir vom tra-
gischen Tod des Sohnes von Freunden erzählt. Auch in London war dieses auffallend intensive Sommerlicht. Ich erinnere mich genau, denn ich lag auf dem Bauch im Park,
dachte an den gerade so jung Gestorbenen, ohne zu ahnen,
dass es die Todesstunde meines Vaters war.
Zurück in der Wohnung angekommen, brutzelte ich mir die
letzten Eisschrankreste in der Pfanne auf. Dafür hatte ich

mir eine ungemütliche, sich wellende Plastikschürze umgebunden.

Es war schon dunkel. Da klingelte es an der Haustür. Ich sah einen männlichen Schatten durch die Glastüre und rief nur: »It's over, Raoul, please go home!« Es klingelte weiter, und ich insistierte immer lauter und deutlicher: »It's over, it's over!«

Irgendwann rief eine Stimme von draußen zurück: »Hier ist Herr St. von der Dresdner Bank.«

Mir war das alles richtig peinlich, ich öffnete hastig die Tür, entschuldigte mich für die Schürze und bat ihn herein.

Er sah unendlich betroffen und nervös aus, sodass ich sofort wusste: *Es ist etwas Furchtbares geschehen.* Eigentlich musste er kaum etwas sagen. Ich sprach es selbst aus: *Mein Vater – ist er tot? Ein Unfall? Nein!,* schrie ich so laut und so oft, dass die Nachbarin vom oberen Stockwerk sorgenvoll bei mir anrief.

Herr St. sagte nur: »Ihre Mutter ruft Sie gleich an.«

Ein Unfall, ein Herzinfarkt, raste es mir unaufhörlich durch den Kopf. Meine Mutter rief mich an und erklärte mir: Es war Mord!

»Und weißt du, wer es war?« Unmöglich für mich, mir jemanden vorzustellen.

»Susanne«, sagte sie nach einer die Welt anhaltenden Pause. »Ein terroristischer Akt.«

Das war ein so unwirklicher Film im kleinen Durchgangsflur, an dem Telefon mit dem kurzen Kabel, dass ich mich noch im selben Moment von der Wirklichkeit abkoppelte. Es blieb für mich ein »Unfall«. Es zählte nur der Tod – das war die Katastrophe. Nicht die Umstände – egal, was dahinterstand. Und das sollte auch jahrelang so bleiben, bis ich nach den RAF-Anschlägen Ende der Achtzigerjahre allmählich auf Motivsuche ging. Und begann, auf das System hinter den Motiven zu schauen.

Lass mich hier aufhören zu erzählen.

Doch eines noch, der blitzartige Sekundengedanke: Warum hatte ich diese dämliche Schürze an? Das passte überhaupt nicht, und es ließ mich glauben: Das ist alles nicht wahr!

Eine Freundin von mir fand die Nachricht vom Tod meines Vaters an ihrer Hoteltür vor. Da stand: *Herr Ponto ist tod –* sie starrte lange auf das Schild und konnte die Nachricht nicht glauben, weil sie nicht darüber hinwegkam, dass man »tot« doch mit *t* schreibt.

Ja, so kann es gehen mit der menschlichen Seele: Die Gefühle suchen sich ihren eigenen Weg, bewegen sich auf anderen Bahnen, als man vermuten mag.

Liebe Corinna,

vielen Dank für Deinen Text. Vielleicht ist es doch gut, dass wir uns an dieses Projekt wagen. Ich hätte sonst nie erfahren, wie es Euch ergangen ist.

Ich kann es gut verstehen, dass Du das, was ich schreibe, nur portionsweise oder »abgewandt« aufnehmen kannst. Ich finde es mutig, dass Du überhaupt bereit dazu bist.

Unglaublich, dass Du zu der Person an der Tür, in dem Glauben, es sei der Freund, gerufen hast, was tatsächlich geschehen ist: »It's over!«

Corinna, was geschah danach? Wie ging der Tag für Dich weiter?

Deine Julia

Zu Hause gab es nicht mehr

Corinna Ponto

Wie der Tag weiterging?

London, die Fremde, das Fremde, das wochenlang Abwechslung bedeutet hatte, war schlagartig planetenfern. Ich weiß noch, dass ich irgendwie erleichtert war, dass der Koffer schon gepackt war – wie sonst funktionieren?

Da es keinen Linienflug mehr nach Frankfurt gab, organisierte Herr St. eine kleine Chartermaschine. Ein Freund der Familie begleitete mich und brachte mich heim. Ich kann mich noch erinnern, wie ich nach der Landung auf dem Frankfurter Flughafen einen Krankenwagen sah, der offenbar für alle Fälle neben der geparkten Maschine bereitstand – für mich ein erster Hinweis auf das, was kommen sollte. Zunächst musste ich der Polizei Auskunft geben – ein erstes Ausfragen über die Besuche von S. in den Monaten zuvor, ihre Kleidung, ihr Auto, über die Fragen, die sie mir gestellt hatte, die Länge ihrer Besuche und, und, und. Später, in verschiedenen Prozessen, musste ich mich diesem Ausfragen erneut stellen, wo ich doch am liebsten selbst endlos Fragen gestellt hätte.

Durch schmale lange Verwaltungsgänge wurde ich dann hinaus und in ein Auto geleitet, und es ging direkt in unwirklich hohem Tempo durch einen geöffneten Schlagbaum auf die Autobahn. Es war ein privates Ankommen im Dunkel des sehr frühen Morgens auf dem bisher nur öffentlich erlebten Flughafen. Bei der Fahrt in den Taunus setzte sich rasch eine starke Morgensonne durch. Zu hell, zu früh. Die Augen kniff ich während der ganzen Fahrt zu.

Es war kein Nach-Hause-Kommen, sondern Ankunft an einem Tatort. Zu Hause gab es nicht mehr. Polizeiautos standen quer, irgendwo flimmerte ein unermüdliches Blaulicht, Beamte liefen im Haus umher. Begegnete man neuen Gesichtern auf dem Flur, gab es im geschäftigen Lauf ein Innehalten, ein »herzliches Beileid« mit Händedruck und gegenseitigem Ins-Auge-Fassen. Ich fühlte mich blass im Vergleich zu all den kräftigen Energien im Haus.

Meine Mutter war wach, sie hatte auf mich gewartet. Sie trug einen alten rosa-orangefarbenen Morgenmantel, ich fühle den Stoff noch an meiner Wange – es waren noch die Tage im Übergang zum offiziellen Schwarz. Wir saßen abseits auf dem Garagenhof auf einem Baumstamm – für eine lange Zeit. Ein Ort, an dem wir vorher nie gewesen waren.

Im Haus wusste ich nicht, wie ich das Wohnzimmer betreten sollte – durch welche Tür? Lag der Teppich noch da? Meine Mutter sagte, man sähe nichts mehr, das glaubte ich nicht. Es stimmte auch nicht. An den Fensterscheiben im Esszimmer waren Einschusslöcher markiert. Eine »1«, eine »7« klebten am Fenster. Schnell zog ich mich auf mein Zimmer zurück.

Auf meinem Bett lag ein Kuvert, das mein Vater mir für die lang geplante Familienreise nach Südamerika zurechtgelegt hatte. Ich hatte die lange Hinreise unbedingt alleine machen wollen, ohne die Eltern, und deshalb geplant, genau zwei Tage später als sie loszufahren. Mein den Eltern gewohnter und von ihnen akzeptierter Trotzkopf könnte mir das Leben gerettet haben. Neben dem Ticket lag noch ein kleiner Brief. Er endete mit den Worten: »Gute Reise, Dein Papi«.

Diese Worte habe ich immer symbolisch gelesen.

Daneben lag ein neuer Steckkalender, der den 30. Juli zeigte. Ich habe ihn nie benutzt.

Meine Schwester
war aus der Welt gefallen

Julia Albrecht

Ich erinnere mich an nichts. Zum Beispiel auch nicht daran, dass meine Eltern bereits am nächsten Tag zu Pontos flogen. Meine Mutter erzählt, dass ich sie quasi gezwungen hätte, zwei verschiedene Flugzeuge zu nehmen, weil ich Angst hatte, dass ihnen etwas passieren könnte. Vielleicht erinnere ich mich an nichts, weil ich mich vor Angst kaum rühren konnte. Ich glaube, dass meine andere, die älteste Schwester an diesem Tag bei mir blieb.

Aber was denkt man, was fühlt man an einem solchen Tag? Das helle Licht des Sommers auf jeden Fall war weg. Vor meinem inneren Auge sehe ich vielmehr das triste Licht in unserer Wohnung in der Eschenallee. Ich kann mich weder an Gedanken noch Ereignisse erinnern – wenn überhaupt an etwas, dann an das Gefühl von Angst und Sorge. Und an ein bodenloses Vermissen, ein ungläubiges Geschehenlassen.

Meine Schwester war aus der Welt gefallen. Das war für mich als Kind kaum zu verkraften. Und wenn ich mir heute vorstelle, wie das für meine Eltern gewesen sein muss, weiß ich nicht, wie sie damit haben leben können.

Wir wussten zu keinem Zeitpunkt mehr als die Öffentlichkeit. Bis zu ihrer Festnahme 13 Jahre später hat meine Familie nicht gewusst, was aus Susanne geworden war. Kein wahrheitsgemäßer Hinweis auf ihren Verbleib hat uns je erreicht. Nach der Tat war meine Schwester eine Gejagte. Die ganze Welt schien sie zu suchen. Sie war die einzige Terroristin, die ihren eigenen Namen unter ein Bekennerschreiben gesetzt und damit ihre Teilnahme an dem Attentat dokumentiert hatte. Es war ihr Name, der in den Nachrichten im Zusammenhang mit der Ermordung von Jürgen Ponto genannt wurde. Und es war ihr Bild, das dazu gezeigt wurde. Sie galt als gefährlich. Für ihre Ergreifung wurden Belohnungen ausgesetzt. Über Wochen prangte sie auf den Titelseiten der Zeitungen. Ihre Tat galt als besonders verwerflich. Die Niedertracht des Verrats an der befreundeten Familie stand im Zentrum.

Das war nicht meine Perspektive. Ich vermisste sie. Ich sehnte mich nach ihr und nach einer Erklärung, was passiert war. Vage kommt mir in den Sinn, dass meine Mutter mich in der Zeit unmittelbar nach der Tat damit zu trösten versuchte, dass sie sagte: »Warte mal ab. Bevor das Jahr rum ist, werden wir sie wiedersehen.« Darauf vertraute ich nicht. Meine Eltern erstarrten innerlich und äußerlich. Mein Vater reagierte mit Herzrhythmusstörungen. Er habe, das erzählten mir Freunde der Eltern später, in dieser Zeit immer wieder dieselbe Frage gestellt: »Wieso hat sie nicht mich umgebracht?« Er verstand die Tat als Vernichtung seiner selbst. Als einen Angriff, dem er schutzlos ausgesetzt war, weil er keine Erklärung für die Tat, für den Verrat hatte.

Der *Spiegel*, der neun Tage nach der Tat erschien, hatte auf dem Cover ein seitenfüllendes, angeschnittenes Bild, das das Gesicht meiner Schwester zeigte. Haut, Haare und Hintergrund waren rot eingefärbt. Das Titelthema der Ausgabe lautete: »Frauen und Gewalt«. Darin findet sich ein Artikel von Gerhard Mauz, *Spiegel*-Reporter und befreundet mit meinen Eltern, in dem er eine Antwort auf die Frage meines Vaters sucht: »Warum Susanne nicht ihn, ihren Vater, erschossen hat, fragt sich der Hamburger Rechtsanwalt Dr. Hans-Christian Albrecht. Die Antwort, aber auch nur diese eine Antwort auf zahllose Fragen, ist leicht. Fürchterlicher als dadurch, dass sie an einem Attentat auf seinen Freund mitwirkte, hat Susanne Albrecht ihren Vater nicht treffen können. (…) Kinder, die in besonderem Maße demonstrieren wollen, [gehen] nicht den Weg des direkten Angriffs auf die Eltern. Sie fügen ihnen vielmehr etwas zu, was die Eltern unweigerlich erleben und erleiden müssen.«

Wie geht man damit um, wenn jemand verschwindet? Meine Erfahrung ist, dass es keinen Umgang damit gibt. Es ist, im gewissen Sinne, eine nicht aufhören wollende Traumatisierung. Für mich jedenfalls war es so. Susannes Abwesenheit gab mir etwas zutiefst Widersprüchliches auf. Ihre Abwesenheit bedeutete, dass wir sie nicht aufgeben durften. Sie lebte noch, das hofften wir und daran klammerten wir uns. Und solange wir nicht davon hören würden, dass sie ums Leben gekommen war, würden wir daran festhalten.

Zugleich aber gab die Situation mir auf, mit ihrem Verschwinden zu leben. Mit der Abwesenheit zu leben und diese auszuhalten.

Gleichzeitig daran zu glauben, dass sie noch lebte, und ihre Abwesenheit zu akzeptieren war eine unlösbare Aufgabe für mich. Es gab weder konkret noch symbolisch einen Ort – wie etwa ein Grab –, an dem ich diese Abwesenheit in mein Leben hätte integrieren können. Die Abwesenheit war das, was an mir riss, viel mehr als die Tat, die sie begangen hatte. Ich, und ich denke, auch Teile meiner Familie und auch Freunde meiner Eltern, schützte mich gegen den Rest der Welt durch die Hoffnung, dass sie leben und wieder auftauchen und uns erklären würde, was geschehen war. Wir waren verbannt in ein Warten. Solange sie abwesend war, gab es für mich keine Auseinandersetzung damit, was sie getan hatte. Zumindest keine wirkliche. Wir waren nicht in der Lage, uns dem, was wir wussten, wirklich zu stellen und zu reflektieren, was es bedeutete, dass meine Schwester ein Mitglied der RAF war. Das begann erst nach ihrer Festnahme.

Ich erinnere mich nicht an die Journalisten, die in den Tagen nach der Tat vor unserer Tür standen, um einen von uns zu erwischen. Oder an die junge Frau, die, mit einem Blumenstrauß als Botin eines guten Grußes getarnt, die Treppe hochkam und versuchte, ein Foto zu erhaschen. Meine Mutter erzählt, dass sie an einem der folgenden Tage mit unserem Hund Walja durch den Jenischpark spazieren ging. Überall standen Trauben von Menschen. Im Vorübergehen hörte sie unseren Familiennamen, und es war klar, dass alle nur über Susanne sprachen.

Meine Mutter erzählt, wie sie ein paar Tage nach der Tat in den Buchladen ging, um ein Buch abzuholen. Als sie der Verkäuferin sagte, sie habe es auf den Namen »Albrecht« bestellt, verstummte jede einzelne Stimme in dem gesamten Laden, ein starres Schweigen erfüllte den Raum – und ihr Herz sank in den Boden.

»Fort aus diesem kranken Land!«

Corinna Ponto

Deine Eltern kamen gleich am nächsten Tag zu uns. Obgleich man sich emotional wie in einem ganz kleinen Raum fühlte, war die reale Situation weit offen. Familienmitglieder, die angereist waren, Polizeibeamte, Besucher, Freunde waren präsent, und ein sehr lebendiges Treiben bestimmte den Tagesrhythmus und die Lautstärke im Haus. Das eigene Tempo war verlangsamt und erschöpft, während parallel das offizielle Leben schnell, aktiv und von einer Entscheidung zur nächsten voranschritt. Wir waren froh, dass Deine Eltern da waren, es war uns ein Bedürfnis, sie zu sehen.

Deine Eltern und wir waren in diesem Moment noch eine Schicksalsgemeinschaft. Wir nahmen uns in die Arme. Es war eine große Güte im Raum. Lange saßen meine Mutter und Deine Eltern stumm auf unserer weißen Gartenbank. Es war dieselbe Bank, auf der ich Wochen vorher mit S. gesessen hatte. Dort hatte sie mich überaus geschickt und meine Plauderstimmung ausnutzend mit freundlicher Stimme lange »ausgefragt«.

Zum Abschied höre ich Deinen Vater heute noch, wie er mehrmals wiederholte: »Sie hatte doch so schöne Hände und sie spielte so schön Geige!« Viele Jahre später entdeckte ich diese Hände auf einem Foto aus der DDR-Zeit von S.

und starrte sie lange an, als könnte ich dort Violinentöne finden – ich fand sie nicht.

Dass es eine Öffentlichkeit gab, die mit angespannter Neugier auf unsere Geschichte schaute, nahm ich erst wahr, als ich bei der Beerdigung die gierig ausgefahrenen Kameras hinter der alten Friedhofsmauer sah. In dem Moment, in dem man selbst seinen existenziellen Weg durch Gefühle und Lebensbilder suchte, wurde ein Bild von einem genommen. »To take a picture«, sagen die Engländer – ein Bild nehmen, auch wegnehmen, kann es bedeuten; »ein Foto schießen«, sagt man auf Deutsch. Vielleicht begannen schon in diesem Moment meine Sorge um falsche Bilder und meine Wut darüber zu keimen. Bis zu diesem Moment auf dem Friedhof hatte ich alles in einer vertraut privaten, glaskugelähnlichen Atmosphäre erlebt.

Neben der großen Verwandtschaft war Mitsuko Uchida direkt aus Tokio angereist, um eine Woche mit ihrer energievollen Stille, mit der Kraft einer Buddhafigur, oder traumhaft musizierend uns und mir schwesterlich zur Seite zu stehen. Da Mitsuko meinen Vater sehr gut gekannt hatte, war er gerade durch ihre Gegenwart sehr präsent. Auch der Cellist Mischa Maisky, den ich durch gemeinsame Treffen mit Mstislaw Rostropowitsch kannte, zeigte seine stille Anteilnahme und spielte mit Mitsuko ein unvergessliches Gedenkkonzert in einer kleinen Kapelle in Oberursel. Ebenso reiste Christoph Eschenbach zur Beerdigung an und wechselte sich bis spät in die Nacht mit Mitsuko am Klavier ab, oder sie versanken gemeinsam musizierend in Duostücken.

All diese Momente fassten noch einmal die musische und kulturelle Leichtigkeit der letzten Jahre zusammen – die durch die Luft flirrenden Klänge, die *zu Hause* bedeutet hatten. Diese jungen, im Aufbruch befindlichen Künstler fingen die vergangene Zeit noch einmal ein, dabei schwang jedoch gleichzeitig der unvermeidliche Abschied von diesem Lebensabschnitt mit.

Ein Lebensabschnitt, der neben dem üblichen Kinder- und Schulalltag für mich geprägt war von der stark musischen Ausrichtung des Elternhauses. Beide Eltern bezogen ihre Energien aus der Kunst, und diese war auch neben Geschichte ihr Hauptinteressengebiet. Meine Mutter hatte bei der bekannten Hamburger Klavierpädagogin Eliza Hansen studiert und war eine passionierte Klavierspielerin. Mein Vater war der literarisch Interessierte. Er sagte gerne lange Passagen von Schiller, Goethe, Thomas Mann auswendig auf und führte uns, wo immer wir auf Reisen waren, in Ausstellungen und Konzerte. Künstlerisch mäzenatische Aktivitäten waren ihm ein selbstverständliches Bedürfnis. Zusammen mit anderen gründete er in freundschaftlicher Verbundenheit zu Herbert von Karajan die Orchester-Akademie der Berliner Philharmoniker.

Nach zwei Silvesterkonzerten mit Karajan fuhren wir nicht in irgendeinen Berliner Ballsaal, sondern an die damals noch still im neblig-trüben Licht liegende, spärlich beleuchtete Mauer. Dort, wo heute das spektakuläre Feuerwerk stattfindet, hörte man damals einzelne Raketen aus dumpfer Ferne. Die Teilung Deutschlands war ein fast fanatisch empfundener Schmerz für meinen Vater.

Politik und die dazugehörigen Wirtschaftsthemen spielten eine große Rolle im Freundes- und Familienkreis, aber immer in viel gedeuteten Bezügen zur Geschichte. Nach Jahrzehnten war er der erste Akademiker an der Spitze der Bank. Er war ein entschiedener Verfechter der sozialen Marktwirtschaft. Im Beileidstelegramm an meine Mutter schrieb der SPD-Vorsitzende und frühere Bundeskanzler Willy Brandt: »In den vielen Jahren seines verantwortungsvollen Wirkens wurde deutlich, dass die Marktwirtschaft für ihn immer eine soziale Dimension hatte. Sein kluger Rat und seine Menschlichkeit werden uns auch in der Politik sehr fehlen.«

46

Wie Fachleute heute betonen, galt sein Engagement immer der wirtschaftlichen Vernunft, die die Notwendigkeit des sozialen Ausgleichs essenziell mit einschloss. »Man wird den Dingen sachlich näherkommen, wenn man in den Banken in erster Linie Treuhänder sieht, auch und gerade hinsichtlich des Beteiligungsbesitzes. Die Banken wiederum können nicht oft genug an diese Treuhänderfunktion erinnert werden«, war einer seiner Leitsätze. Er modernisierte die Bank und trieb mit der Eröffnung einer ganzen Reihe von Auslandsdependancen ihre Internationalisierung voran. Alles wurde immer in großen Bögen beurteilt. Bei jedem Gespräch schaute man immer in beide Richtungen – in die Vergangenheit und die Zukunft.

Da die Familie meiner Mutter in die Geschichte des deutschen Widerstands gegen das NS-Regime eingebunden war, waren Kriegsvergangenheit, Flucht, Verlust, politische Haltung konstante Themen in der Familie. Die Hitlerzeit hatten meine Eltern in jungen Jahren erlebt. 1923 geboren, machte mein Vater 1942 ein sogenanntes Notabitur, um dann nach kurzer militärischer Ausbildung im Alter von 19 Jahren an die russische Front geschickt zu werden. Über seine Kriegszeit habe ich ihn nur ein einziges Mal sprechen gehört. Mitte der Siebzigerjahre nahm er mich mit auf eine Moskaureise. Dort trafen wir spätabends den Bildhauer Vadim Sidur. Mit ihm, dem ehemaligen Kriegsgegner, tauschte er in gegenseitigem wissendem Vertrauen bis tief in die Nacht Kriegserinnerungen aus. Wir saßen in Sidurs Atelier, dessen Wandregale bis an die Decke mit Bronzeskulpturen gefüllt waren, die weit aufgerissene Augen und Münder zeigten.

Die politische Grundhaltung meiner Eltern würde ich als liberal-konservativ in dieser Reihenfolge charakterisieren, doch abgeklärt ging es bei Diskussionen zu Hause keineswegs zu, im Gegenteil. Es wurde mitunter heftig gerungen und gestritten. 68, die radikale Linke waren Themen, die mein Vater mit wachsamer Sorge betrachtete, das kann man auch in vielen seiner Vorträge aus der Zeit nachlesen – die Sorge vor einem falschen Zeitgeist war ein roter Faden in seinem Denken: »Erhalten wir uns ein feines Ohr für die falschen Töne. Generationen sind mit leeren Händen ausgegangen, weil sie dem Drang schöner Parolen und wohl auch schöner Gefühle erlagen. Bleiben wir also nüchtern und treten wir hier und überall dafür ein, den Verstand, die Vernunft wieder in ihren Rang einzusetzen, und lassen wir uns die Freiheit nicht ausreden, die all denen immer unbehaglich, unerträglich sein wird, denen Macht und Gewalt über die Freiheit anderer alles gilt. Das Wort vom Lebenskünstler kommt eigentlich nur in unserer Sprache vor – warum erfüllen wir es nur so zögernd mit Inhalt?«

Über die von Willy Brandt und seiner sozialliberalen Regierung vorangetriebene Ostpolitik, die die Aussöhnung mit den früheren Kriegsgegnern Sowjetunion und Polen sowie eine vorsichtige Annäherung an die DDR zum Inhalt hatte, waren meine Eltern öfters konträrer Meinung. In seinen Jacketttaschen fand mein Vater manchmal Zettel, auf denen meine Mutter ihre Ängste oder politischen Zweifel notiert hatte. Sie war skeptischer, was die Folgen der Handelsbeziehungen betraf, durch die man sich auch in die Hände der neuen Partner begab. Die Ostpolitik beunruhigte sie.

Ich konnte diesen Auseinandersetzungen zunächst nur schweigend zuhören, denn 1970 war ich 13 Jahre alt. Mein stärkster Eindruck aus dieser Zeit bleibt die hohe Emotionalität, die mit all den Diskussionen einherging. Meine Eltern hatten auch einige stark links orientierte Freunde, ebenso gingen auch Familienmitglieder auf Demonstrationen, hatten konträre politische Meinungen. Es war laut. Die Diskussionen gingen meist bis spät in die Nacht, wenn ich längst versuchte, gegen die Gesprächsunruhe einzuschlafen.

Das Gymnasium, auf das ich in Oberursel ging, wurde Anfang der Siebzigerjahre in eine Gesamtschule umgewandelt. Diese Schule war das erste Experiment dieser Art, ein hessisches Vorzeigeprojekt, und sie galt als »linkeste Schule« Deutschlands. Davon bekam ich neben vielen eher harmlosen Diskussionen im Deutsch- und Sachkundeunterricht vor allem die optischen Phänomene mit. Jeans, Parka, Palästinenserschal waren der pflichtgemäße Dresscode, von dem ich nur die Jeans erfüllte. An den Wänden pappten die Aufforderungen zu Frankfurter Demonstrationen übereinander, deren friedlicher Charakter durch das Tragen von Armeehosen und Militärstoffen betont wurde. Stolz war man auf einen Hungerstreik im Schulhof, ich weiß gar nicht mehr, für welches Ziel. Heute richten sich die aus der Schule hervorgegangenen Rechtsanwälte und Unternehmer, die in der Wirtschaft und in anderen systemrelevanten Berufen Tätigen nach anderen Dresscodes, und statt um Hungerstreik kümmern sie sich jetzt um ihre Diät.

1977 lag die Schulzeit aber schon ein Jahr hinter mir.

Mitsuko begleitete mich in die Frankfurter Innenstadt, um Trauerkleidung zu kaufen. In der heißen, stickigen Luft des Bekleidungsgeschäftes fand ich plötzlich keinen Atem mehr, mein Kreislauf sackte ohnmachtsgleich zusammen, und ich musste lange zwischen den Kleiderständern auf dem Boden liegen bleiben. Trotz der gedämpften Beleuchtung wirkte alles grell und unwirklich.

Die Fenster des Ladens führten auf den Kaiserplatz. Dort waren wir in glücklichen Zeiten der Schriftstellerin Marie Luise Kaschnitz, dem Pianisten Maurizio Pollini, dem Schauspieler und Regisseur Valtr Taub nach den Theatervorstellungen auf der Straße begegnet. Frankfurt – das waren für mich diese wenigen Straßen, auf denen man Theatergeschichte erleben konnte. Ein paar Meter von dem Laden entfernt lagen die Gästeapartments des Frankfurter Schauspielhauses. Dort hatte ich des Öfteren mit der Schauspielerin Joana Maria Gorvin gefrühstückt. Sie nannte mich immer nur *Kind*.

Ich war traurig und wusste, eine Zeit war vorbei. Die Frankfurter Zeit. Eine Zeit, in der Kultur sich mischte mit Alltäglichem, mit Kindheit. In dem Laden mit der Trauerkleidung blieb irgendwo dieses Kind hängen.

Ein paar Tage später sollte meine Mutter dann, im hohen Sommer 1977, nicht im deutschen Herbst, in eine lebensbestimmende Ohnmacht fallen. Nach der offiziellen Trauerfeier in der Paulskirche am 5. August flüsterte ihr ein Gast der Trauergesellschaft aufgeregt zu: »Bei Ihnen zu Hause brennt es!«

Da konnte sie nicht mehr.

Nach dem Verlust ihrer Eltern bei einem Bombenangriff in Berlin, dem Verlust beider Großelternhäuser in Schlesien, dem Fluchtschicksal, dem tapfer und unbeschwert gemeisterten Neuanfang in den Nachkriegsjahren, der Kleinidylle in Hamburger Vororten und der Begleitung einer kurzen sogenannten Managerkarriere ihres Mannes war sie im Alter von 48 Jahren Zeugin von RAF-Terror und Mord in den eigenen, mit viel Lebensmühe aufgebauten Wänden geworden.

Dort bedrohten Terroristen nun ein zweites Mal, während der offiziellen Trauerfeier, ihre und unsere Lebenssicherheit. Es gelang den bis heute unbekannten Aktivisten, einen Sprengsatz in einem Gartenhaus auf unserem Grundstück zu deponieren und explodieren lassen, obwohl zahlreiche Polizisten zur Bewachung von Haus und Garten abgestellt waren. Ein zweiter Angriff auf das eigene Leben, und das auch noch unter dem Mantel des Schutzes.

Das war eine Zäsur auf dem Lebensweg meiner Mutter. Ein Lebensweg, der symbolisch herhalten sollte für eine sogenannte kapitalistische Geschichte, der aber wesentlich geprägt war von dem mehrfachen Verlust von Heimat, von Verletzungen und viel Anstrengung für dieses Land.

Da konnte sie nicht mehr.

In einem kleinen Buch für Freunde beschrieb sie es so:

Ich bin ein Stein in der Paulskirche. Die Feier gleicht einem Staatsbegräbnis, die Menschen sind wie ein Wall vor der Kirche – ich spüre nichts mehr.

Erst nach dem Essen, das sich der Feier anschließt, breche ich zusammen. Jemand bringt aufgeregt die Nachricht: »Es brennt bei Ihnen zu Hause!«

Ich höre mich zum ersten Mal in meinem Leben brüllen: »Diese Schweine! Diese Schweine! Diese Schweine!«

Dann kann ich nicht mehr. Helfer tragen mich in ein Hotelzimmer – die Beruhigungsspritzen geben mir Schlaf.

Als ich erwache, kenne ich nur noch einen Gedanken: Fort, fort, fort aus diesem kranken Land, aus diesem Wahnsinn!

Aus Bonn will man mir eine Einheit des Bundesgrenzschutzes senden, die mich vor weiteren Übergriffen schützen soll. Mir wird klar: mit Leibwächtern leben, tagaus, tagein – das darf nicht mein Schicksal werden! Davor muss ich fliehen – meine Kinder und mich davor bewahren. Nicht unnötig sprechen müssen über das Unfassliche, in ein Land anderer Sprache zu gehen – das ist die einzige Lösung.

Am nächsten Abend sind wir schon in London, mein Bruder, der Arzt ist, meine beiden Kinder und ich – auf dem Weg nach Amerika.

Das dritte Mal auf der Flucht.

Die Bomben, die Russen, die Terroristen.

Das Schweigen

Julia Albrecht

Vielleicht ein oder zwei Wochen nach dem 30. Juli 1977 sollte ich mit den Pfadfindern nach Holland fahren. Ich weiß noch, dass meine Mutter mich fragte, ob ich auch wirklich an der Fahrt teilnehmen wolle, und dass ich ihr nicht antworten konnte. Ich wusste nicht, was ich wollte. Meine Mutter brachte es nicht über sich, mit Gesine, der Pfadfinderleiterin, zu sprechen, das tat meine älteste Schwester für sie. Ich habe keine Ahnung, was sie mit ihr besprach; es ging wohl darum, ihr mich ans Herz zu legen, ihr zu sagen, dass sie mich schützen oder Verständnis für meine schwierige Situation aufbringen möge.

Die Reise habe ich in ambivalenter Erinnerung. Einerseits als innig, insbesondere im Zusammensein mit einem anderen Mädchen, das die ganze Zeit sehr freundlich zu mir war. Andererseits als entfremdet und kalt. In Holland machte ich das erste Mal die Erfahrung, dass ich nicht wusste, wie noch sprechen, mit wem und worüber. Ich wusste ja noch nicht einmal, was genau mein Jammer war. Es war eine Mischung aus vielem. Das Erschrecken über den Mord. Die Trauer über die abwesende Schwester. Die tiefe Sorge, sie nicht mehr wiederzusehen. Die Scham darüber, was Susanne getan hatte.

Ich wusste nicht, ob die anderen Kinder wussten, was geschehen war. Und ich verstand nicht, wieso keiner mich darauf ansprach. Ich wusste auch nicht, worüber ich sonst hätte reden können, sodass ich außer dem Nötigsten kaum mit den anderen sprach.

Wir zelteten in schwarzen Jurten auf einem Campingplatz in einem sandigen Wald, und abends saßen wir ums Lagerfeuer, spielten Gitarre und sangen. Manchmal verließen wir den Wald und gingen in den nächstgelegenen Ort. An den Kiosken hing meine Schwester. Abgelichtet ihr Gesicht auf den Titelseiten der Zeitschriften, benannt die Tat in dicken schwarzen Lettern in den Überschriften der Zeitungen. Hier, in Holland, sah ich diese Publikationen das erste Mal. Mir scheint, als hätten mich meine Eltern bis zu diesem Moment davor geschützt. Damit nun in einer holländischen Kleinstadt konfrontiert zu werden, als Teil einer Gruppe von Mädchen, mit denen ich nicht eine Silbe über das Geschehene reden konnte, war schwierig für mich. Ich hatte den Impuls, hinzugehen und meine Schwester aus der Nähe zu betrachten. Vor allem aber hätte ich einfach gerne die Artikel gelesen, um womöglich mehr zu erfahren. Da aber niemand mit mir und ich mit niemandem über sie sprach, war es mir unmöglich, auch nur den Wunsch zu äußern, eine dieser Zeitschriften zu kaufen oder mich einem der Kioske zu nähern.

Ganz am Ende der Ferien, bevor ich wieder in die Schule musste, rief ich meine Klassenkameradin und Freundin Clara an. Irgendwie wollte ich mir den Weg in die Schule erleichtern. Ich wollte vorbauen für diesen grauenhaften Gang zurück in die Gruppe der anderen Kinder, die ich am Ende des letzten Schuljahres als Julia verlassen hatte. Und in die ich nun als Schwester von Susanne zurückkehren musste.

Clara begrüßte mich am Telefon fröhlich und fragte lustig: »Na, wie geht's?« – und in mir verschwamm alle Gewissheit. Ich weiß nicht, was ich eigentlich erwartet oder erhofft hatte. Diese Begrüßung allerdings machte mich unglücklich und ratlos. Wieso tat sie so, als sei die Welt noch dieselbe wie vor sechs Wochen? Wieso deutete sie noch nicht einmal an, dass die Welt aus den Fugen geraten war?

Claras »Wie geht's?« war die beste Vorbereitung auf das neue Schuljahr, die ich hätte bekommen können. Niemand von meinen Mitschülerinnen und Mitschülern sprach mit mir über das, was geschehen war. Indem alle Welt schwieg, zwang man mir eine Normalität auf, die nicht mehr die meine war. Ich reagierte auf meine Art. Ich wurde auf eine Weise aufmüpfig, die die anderen Kinder erschreckte. Ich wehrte mich gegen die kleinsten Ungerechtigkeiten der Lehrer. Ich war eigenwillig und zornig. Und eines Tages warf ich den teuren Alu-Aktenkoffer meines Mitschülers Klaus aus dem zweiten Stock des Schulgebäudes nach unten auf den Hof. Meine Eltern kauften Klaus einen neuen Aktenkoffer und schenkten ihm einen Tennisschläger.

Ich verstehe bis heute nicht, warum es keine wirklichen Konsequenzen oder echten Trost für mich gab. Den Tennisschläger empfand ich als eine Art Bestechung, damit man nicht schlecht über uns dachte. Die einzige Zuwendung, die ich erhielt, war ein Verweis. Und immer noch sprach niemand mit mir.

Das tat dann – wesentlich später – endlich Michael, ein Mitschüler. Einer der nettesten. Eines Tages nahm er mich beiseite und sagte: »Julia, du musst aufhören, dich so zu benehmen. Wir mögen dich so nicht. Und wenn du nicht damit aufhörst, wollen wir dich auch nicht mehr als Klassensprecherin.«

Mir war klar, dass die Klassenkameraden lange darüber nachgedacht hatten, wer mir die Botschaft überbringen sollte. Und ich erinnere mich an meine Verzweiflung. Aber auch daran, dass ich trotz der tiefen Kränkung, die Michaels Worte für mich bedeuteten, gelöst und froh war. Endlich hatte mal jemand etwas zu mir gesagt, hatte mich jemand ernst genommen. Endlich wurde mir das Gefühl vermittelt, dass es mich überhaupt noch gab. Ich meine, dass ich nach dieser Kritik mein Verhalten wieder anpassen und ich mich in der Klasse ein wenig entspannen konnte.

Auch keiner der Erwachsenen, weder meine Lehrerinnen und Lehrer oder unsere Direktorin noch Mütter meiner Schulfreunde, sprach mit mir über die Tat meiner Schwester und die Folgen für mich. Beruhigende Worte, sanfte Umarmungen, milde Anteilnahme hätte ich benötigt. Menschen hätten mich in den Arm nehmen und sagen sollen: »Hey, Julia, ich weiß, was geschehen ist, und ich weiß, dass man darüber kaum sprechen kann. Aber ich will dir sagen, dass ich nachvollziehen kann, wie schlimm es sein muss, wenn die geliebte Schwester auf einmal weg ist, und noch dazu im Zusammenhang mit einer so grauenhaften Tat.«

Aufgeschrieben mag es albern klingen und kitschig. Aber solche oder andere Worte hätte ich gebraucht wie die Luft zum Atmen. Ich verödete in dem bruchlosen Schweigen um mich herum, das ja ein beredtes Schweigen war. Ein Schweigen, das immer schon wusste.

Alle, auch Menschen, die ich nicht kannte, wussten, was passiert war, und wussten, dass ich die Schwester von Susanne war. Mein Vater war relativ bekannt in Hamburg. So bekannt zumindest, dass die Zuordnung aus den Fakten, die die Zeitungen preisgaben, eindeutig war. Susanne war die Tochter meiner Eltern, und ich war die dazugehörige Schwester. In den Elbvororten, wo wir lebten, gab es niemanden, der nicht jemanden kannte, der jemanden kannte und mit dem Finger in die richtige, in unsere Richtung zeigen konnte.

An meiner Schule und in meinem sozialen Umfeld wusste es jede und jeder. Tragische Ereignisse sind das schönste Gesprächsthema. Und dieses Ereignis hatte eine Wucht, die alle um uns erfasste. Es war eine Geschichte zum Weitererzählen, eine Tragik zum Anteilhaben, ein Grauen, über das man nur hinter vorgehaltener Hand flüsterte. Ich glaube, Verlegenheit war eines meiner Grundgefühle dieser Jahre.

Wenn ich auf dem Schulhof anderen Schülern begegnete, verstummte das Gespräch. Es gab perfide Situationen: Vor der Turnhalle stand eine Gruppe älterer Schülerinnen, die ich nicht kannte. Sie sprachen mich an, versuchten, mich in ein Gespräch zu verwickeln. Ich spürte, dass etwas nicht stimmte. Sie fragten mich scheinheilig, ob ich Geschwister hätte. Die Frage nach meiner Schwester, die sie nicht stellten, dröhnte in meinen Ohren. Ich wollte nur weg und musste mich doch konzentrieren, um nicht in die Falle zu tappen, die sie ausgelegt hatten. Was war die Falle? Dass ich über meine Schwester sprechen sollte. Dass ich über das, was geschehen war, Auskunft erteilen sollte. Das Perfide war, dass sie so taten, als hätten sie mich zufällig kennengelernt und zufällig Interesse an mir gefunden. Ich floh mit einer Ausrede.

Meine Freundin Elisabeth – sie war am Abend der Tat mit uns essen gewesen – hat mich einmal, vielleicht war es 1979 oder 1980, zu schützen versucht, als wir mit anderen Jugendlichen zusammensaßen. Wir waren in England auf einer Sprachreise. Die Gruppe hatte beschlossen, reihum die Reisepässe vorzuzeigen. Wir kannten einander nur beim Vornamen, und außer Elisabeth wusste niemand, wer ich war. Ich erstarrte, doch ich wusste keinen Ausweg und zeigte schließlich meinen Pass vor. Es passierte, was passieren musste. Schon der Zweite in der Runde sagte lachend: »Ah, dann bist du wohl die Schwester von Susanne Albrecht.« Das Gefühl des inneren Ausgelöschtseins ist schwer zu fassen, schwer zu erinnern und schwer zu beschreiben. Ich glaube, ich flüchtete auf die Toilette. Und ich meine, dass Elisabeth die Situation irgendwie im Griff hatte, als ich wiederkam, und es schaffte, mich wieder zu integrieren, und dass sie später auf dem Nachhauseweg zur Gastfamilie mit mir über den Vorfall sprach.

Susanne war allgegenwärtig. Stets war sie schon vor mir da. Überall in der Stadt, an jedem Bahnhof, an jeder Post, an Schaufenstern von Banken und an Litfaßsäulen hing sie. Alleine im Großformat oder spielkartengroß in der linken oberen Ecke der DIN-A3-großen Plakate. Ich glaube, die Fahndungsplakate sind eine Kollektiverinnerung. Jeder, der 1977 bei Verstand war, hat seine Geschichten damit. Doch für uns war es natürlich etwas anderes. Wir Kinder begegneten unserer Schwester, meine Eltern ihrer Tochter. Die Plakate brachten mich in eine widersprüchliche Situation: Ich wollte mich ihnen unbedingt nähern, wollte Susanne von Nahem sehen, mit ihr sprechen. Wollte ihre Haare streicheln und ihr Mut zuflüstern. Gleichzeitig fürchtete ich mich vor den Plakaten wie vor dem Leibhaftigen. Obwohl sie überall hing, konnte ich ihr nie nahe sein, weil ich nie alleine mit ihr war.

Das Fahndungsplakat, das mich am meisten quälte, war jenes an der Litfaßsäule in der Waitzstraße. Die Waitzstraße ist die einzige Einkaufsstraße in Hamburg-Othmarschen. Langsam fließen die Autos hindurch auf der Suche nach einem Parkplatz, und auf halber Strecke, am Eingang zur S-Bahn, auf einer Art Platz, wo man sein Fahrrad abstellen kann, steht diese Litfaßsäule. Hier, wo wir uns nach der Schule oder am Nachmittag trafen, hier, wo jede und jeder fast täglich vorbeiging wie an der Kirche auf dem Dorf, hier hing meine Schwester. Gleich nach den großen Ferien hatte ich sie dort entdeckt, und sie blieb dort jahrelang hängen. Auch wenn das Plakat sich änderte. Es gab verschiedene Ausführungen der Fahndungsplakate, manchmal wurde es mit einer neuen Version überklebt. Immer aber war meine Schwester oben links. So war sie leicht zu finden. Oben links. Eines Tages allerdings gab es eine einschneidende Veränderung: Aus dem großen Fahndungsplakat wurde ein Einzelplakat. Wo vorher viele vereint aus einem Poster blickten, klebte nun ein DIN-A4-großes Plakat, auf dem nur noch meine Schwester abgebildet war. Nun gab es wirklich kein Entrinnen mehr. Ich hasste diese Litfaßsäule, und eines Tages kam ich nach Hause, ich denke, es waren unterdessen ein paar Jahre vergangen, und kündigte meiner Mutter an, ich würde das verdammte Ding in der Nacht abfackeln. Dabei hatte ich gar nichts Konkretes vor, ich wollte mich nur endlich von dem Albdruck befreien. Meine arme Mutter wusste mit meiner Ankündigung nicht umzugehen, sie reagierte verstört. Sie glaubte wohl, dass da eine zweite Terroristin heranwuchs. Nichts lag mir ferner. Aber ich wünschte, sie oder meine anderen Geschwister hätten mich unterstützt und mit mir das grauenhafte Plakat von der Litfaßsäule entfernt. Das hätte mir ein bisschen inneren Frieden gegeben. Aber meine Geschwister waren weit weg, lebten ihr eigenes Leben und wussten von mir so gut wie nichts.

Viele Jahre später erst, da war ich schon fast erwachsen, führte jemand aus unserer Familie die entscheidende Änderung ein. Er begann, Susanne zu grüßen, wenn er an einem Plakat vorbeiging, und ich denke, wir alle übernahmen dieses neue Ritual. Wenn ich nun auf ein Plakat stieß, sagte ich: »Hallo, Schwesterchen!«, und irgendwie war damit der Bann zum Teil gebrochen.

In meiner Schule kam ich jeden Morgen und jeden Nachmittag an der Pförtnerloge vorbei, einem kleinen Kasten mit einer Glasfront. Unten links hing ein DIN-A3-Plakat, auf dem – ähnlich wie auf den Fahndungsplakaten aufgeteilt in viele kleine Quadrate – verschiedene Blumen abgebildet waren. Jeden Tag, über viele Jahre, bekam ich einen Schreck, wenn ich das verdammte Blumenbestimmungsplakat sah. Ich dachte mir Tricks aus. Vor allem nachmittags, auf dem Nachhauseweg, versuchte ich mich rechtzeitig an das Poster zu erinnern. Ich sagte mir: Gleich kommt das Plakat, keine Angst, es sind nur Pflanzen darauf abgebildet, keine Terroristen. Aber ich erschrak. Immer.

Vom Beginn der achten bis zum Abschluss der 13. Klasse waren es sechs Jahre. Sechs Jahre Hamburg, sechs Jahre als Schwester der Schwester. Das war das Prägendste dieser Jahre, die permanente und lückenlose Identifikation als Schwester. Und das ungebrochene Schweigen in Bezug auf das alles überschattende Ereignis. Das lähmte mich bis zur Bewegungslosigkeit.

Als ich vielleicht 14 oder 15 Jahre alt war, hatte ich Sorge, dass ich nie wieder würde lächeln, geschweige denn lachen können. Wenn ich versuchte, ein freundliches Gesicht zu machen, fühlte es sich an, als wären meine Gesichtszüge vereist. Ich fürchtete, nie mehr glücklich sein zu können.

Das Glück versteckte sich hinter meinen Freundinnen und Freunden, lief weg, wenn ich irgendwo hinkam. Außerdem hatte ich Angst. Ich hatte Angst, selbst Opfer eines Anschlags zu werden, Angst im Dunkeln, Angst, alleine zu sein, Angst, mit öffentlichen Verkehrsmitteln zu fahren, Angst, dass meinen Eltern etwas zustoßen könnte. Während meine Mitschüler sich aufs Erwachsenwerden vorbereiteten, blieb ich irgendwie stehen.

Meine Kinder- und Jugendfreundschaften waren beendet, als ich nach dem Abitur aus Hamburg wegging, um in Berlin zu studieren. Neben Elisabeth gibt es nur noch eine andere Freundin, mit der ich heute noch befreundet bin. Elisabeth hatte dafür gesorgt, dass der Brief ihrer Eltern an meine Eltern, den wir wenige Tage nach der Tat erhielten, auch an mich gerichtet war, und ihn mit unterschrieben. Sie war die Erste, die das Thema später angesprochen hat.

Das jahrelange Schweigen hatte zu tiefe Verletzungen hinterlassen. Es mangelte an gemeinsamen Erinnerungen und gemeinsam Erlebtem mit den Freunden. Wo für sie ein Erlebnis im Zentrum stand, war es für mich das Gefühl, nicht dazuzugehören, weil die Veränderungen, die mein Leben durch die Tat meiner Schwester am 30. Juli 1977 erfahren hatte, nie integriert waren. Wenn wir gemeinsam segelten, fühlte ich mich nicht dazugehörig, weil ich meine Schwester immer im Schlepptau mit dabeihatte. Noch schlimmer waren Partys. Meine Freundinnen und Freunde tanzten, schienen entspannt und fröhlich. Ich konnte nicht verstehen, warum die anderen so fröhlich waren. Ich fand es albern und zugleich beneidenswert. Und wünschte, so empfinden zu können.

Die Töchter von Ulrike Meinhof gingen auf ein benachbartes Gymnasium. Manchmal kreuzten sich unsere Wege. Ich erinnere mich, dass ich mir vorstellte, dass sie mich ansprechen könnten. Dass wir doch eine irgendwie vergleichbare Geschichte hatten. Dass sich mit ihnen das Schweigen vielleicht durchbrechen ließe. Dabei hätte ich mich nie getraut, den ersten Schritt zu tun. Bis ich Hamburg mit 19 verließ, war es mir fast immer unmöglich, über die Tat oder meine Schwester zu sprechen.

Ponto am Markt

Corinna Ponto

Ponto am Markt, so hieß das Wäsche- und Kurzwarengeschäft meiner Urgroßeltern väterlicherseits in Lübeck. Die Pontos waren eine alteingesessene Lübecker Familie – ursprünglich allerdings zugewandert aus Südeuropa. Die Lübecker gingen nicht nur zum Kaufen von Weißwäsche und Knöpfen in den Laden unter den Handelsarkaden, sondern auch für den täglichen Schnack, denn Zeitung wurde gegen Ende des 19. Jahrhunderts nur vom Herrn im Hause gelesen. »Tut mich leid«, entschuldigte sich mein Urgroßvater Ludwig, wenn ein Wäscheartikel nicht vorrätig war. Es war ein stadtbekannter Lübecker Ausspruch zu der Zeit.

Ida und Ludwig hatten vier Söhne. Einer verstarb früh, in den Lebenswegen der anderen drei zeigte sich die ausgeprägte Sehnsucht nach Süden und Ungezwungenheit – es gab einen Maler, Violinisten und Weltenbummler, einen Schauspieler und einen Handelskaufmann, dessen Geschäftswege stetig nach Südamerika führten. Ecuador und das Spanische waren die zweite Heimat meiner Großeltern väterlicherseits.

Meine Urgroßeltern mütterlicherseits hießen von Hülsen und von Moltke. Offiziere, Majore, Feldmarschälle – viele militärische Laufbahnen prägen den Stammbaum. Meine Urgroßmutter war die Lieblingsnichte des kinderlosen Generalfeldmarschalls Helmuth von Moltke, der von Kaiser

Wilhelm I. für seinen Sieg in der Schlacht von Königgrätz 1866 ein Geldgeschenk bekam, mit dem er das schlesische Gut Kreisau erwarb. Dort wurde meine Mutter 1929 geboren. Ein späterer Erbe und Verwalter des Gutes, ein Onkel meiner Mutter, Helmuth James von Moltke, war dort während der Nazidiktatur mehrfach Gastgeber für Gesprächskreise von Widerstandsdenkern. Sie wurden der *Kreisauer Kreis* genannt. Auch brachte er Flugblätter der Weißen Rose, der Münchener Widerstandsgruppe um die Geschwister Scholl, nach England. Für sein Denken, das damals schon von einem europäischen Geist geprägt war, wurde er nach langer Inhaftierung gegen Kriegsende in Berlin vom Volksgerichtshof zum Tode verurteilt. Seit 1945 ist Kreisau ein polnischer Ort und heute ein Zentrum für europäische Begegnung und Verständigung. In Plötzensee, dem früheren Strafgefängnis, wo mein Großonkel hingerichtet wurde, wird heute des deutschen Widerstands gedacht.

Wenn ich auf einer Stadtrundfahrt mit dem Bus durch die Hauptstadt fahre, wird rechter Hand auf das imposante General-Moltke-Denkmal am Großen Stern bei der Siegessäule gedeutet; buche ich eine Bootstour auf der Spree, weist mich der Lautsprecher auf die aus Buntsandstein errichtete Moltkebrücke hin. Man spürt, dass sie eines der wenigen Baudenkmäler ist, die von den Kriegsbomben nicht getroffen wurden; das macht auch ihre Schönheit aus. Beide Denkmäler haben einen stolzen Platz im Herzen Berlins. Meine eigene familiäre Landkarte hat also vielfältige europäische Verbindungslinien, die bis heute geschichtliche Entwicklungen berühren.

Mein Vater wuchs behütet in Alsternähe in Hamburg auf, mit Ölbildern von südamerikanischen Berggipfeln über der Sitzgruppe in der guten Stube und im elterlichen Schlafzimmer. Meiner Mutter unbeschwertes Aufwachsen in Berlin direkt am Charlottenburger Schloss und auf den geselligen Landgütern der Großeltern in Schlesien nahm bei einem der ersten schweren Bombenangriffe auf Berlin im November 1943 ein jähes Ende. Im Alter von 14 Jahren verlor sie beide Eltern. Zu den Großeltern in den Osten führte kein Weg mehr. Die Geschwister flohen an der Hand der anderen Großmutter in den Norden, und sie machte sich mit einer Cousine auf in Richtung Schleswig-Holstein.

Zu der Zeit war mein Vater nach einem halben Jahr Kriegseinsatz mit einer schweren Kopfverwundung schon aus dem Kessel von Woronesch entkommen – an einer ganz ähnlichen Verletzung sollte er in einem anderen »Krieg« dreieinhalb Jahrzehnte später sterben. Nach einem längeren Lazarettaufenthalt in Dresden und einer begonnenen Studienzeit in Göttingen kehrte er wieder nach Hamburg zurück.

Dort begegneten sich Mitte der Vierzigerjahre unsere Väter und entwickelten eine Freundschaft. Es war eine Jugend- und Studienfreundschaft, die nach Kriegsende im noch von Bombenangriffen gezeichneten Hamburg an der Universität begann. Beide waren sie Studenten der Rechtswissenschaften. Sie teilten die gleichen Studieninteressen wie auch die vertraute Nähe desselben Wohnviertels. Und sie teilten auch die Erfahrung des in sehr jungen Jahren überlebten Krieges. Neben Jura studierte mein Vater noch Germanistik und Philosophie. Gewiss lud die Nähe zur Alster die Freunde an Wochenenden zu fröhlichen gemeinsamen Ruderausflügen ein.

Ich stelle mir vor, wie die Freunde die Köpfe über Büchern in Pöseldorf zusammensteckten, dumme Witze in meinem Großelternhaus in der Magdalenenstraße rissen, sich über gemeinsame literarische und juristische Interessen austauschten und vermutlich nebenbei auch regelmäßig Texte verfassten, in denen sie ihren Lebensalltag einzufangen versuchten. Von meinem Vater zumindest weiß ich, dass er keine Gelegenheit ausließ, selbst gestaltete ironisch-humorvolle Mehrzeiler bei einem geselligen Zusammensein zu präsentieren. Das war gewissermaßen Tradition und erwarteter Höhepunkt bei allen Festen.

Aus alten Koffern quellen heute noch manche dieser in zartlila Schreibmaschinenfarbe auf dünn gewordenem Nachkriegspapier festgehaltenen fernen Zeilen. »Ach, wie sieht es anders aus, hier mit diesem neuen Haus! Wenn man sich nicht täglich windet, wie man es zusammenbindet?«, beginnt ein dreiseitiger gereimter Text über den maroden Zustand des Hauses seiner Eltern. Überhaupt hörte ich aus frühen Erzählungen der ersten Nachkriegs- und Studienjahre immer eine sehr ausgelassene, geradezu beschwingte Zeit heraus. Tanzfeste nannte man die Einladungen – es wurde viel getanzt, es wurde viel gelacht, das Tanzen selbst wurde gefeiert.

Meine Mutter lernte meinen Vater zunächst 1946 nur kurz kennen, denn sie wohnte zu der Zeit in Schweden bei einer Gastfamilie, studierte Klavier und finanzierte ihren Aufenthalt dort neben Kinderhüten auch mit Fensterputzen bei verschiedenen Stockholmer Familien. Ihren Lohn teilte sie am Ende des Monats noch auf, um schwedische Kekse an ihre vier Waisengeschwister zu verschicken, und einmal, um meinen Vater mit einer Bahnfahrkarte nach Kopenhagen zu überraschen. Er war damals sehr aktiv bei der Hamburger Studentenbühne und fuhr viel in die Schweiz, um Bühnenmaterial für die Aufführungen zu beschaffen. Daher hatte er die nötige Ausnahmegenehmigung, internationale Züge zu benutzen. Meine Eltern trafen sich in Kopenhagen, und so ergab es sich, dass sie ihre erste, für sie so bedeutsame gemeinsame Nachkriegsreise in einem *internationalen* Zug nach Hamburg machen konnten.

Vielleicht diskutierte der Freundeskreis auch manches Mal die Kinofilme, in denen der Onkel meines Vaters, Erich

Ponto, damals häufig auf der Leinwand zu sehen war. Heute ist er vor allem noch durch zwei Kultfilme bekannt, als Gegenspieler von Heinz Rühmann in der »Feuerzangenbowle« und in der Rolle des Arztes in »Der dritte Mann« mit Orson Welles.

Unsere Ende der Vierzigerjahre zugeheirateten Mütter verband keine vergleichbare Freundschaft. Meine Mutter hat sich als schlesische Berlinerin im Grunde nie richtig wohlgefühlt in Hamburg. Sie vermisste eine natürliche Ausgelassenheit, die ihr selbst angeboren war und die trotz vieler früher Schicksalsschläge ein Teil ihrer Natur blieb. Sie empfand den Umzug in den hessischen Taunusraum 1969 immer als Schicksalsfügung. Der nicht so verschnackt unterkühlte, gesellige und gut gebildete Frankfurter Freundeskreis lag ihrem Gemüt mehr. Es gab mehr Zugereiste und eine mildere Landschaft.

Meine Hamburger Kindheitserinnerungen an Eure Familie beschränken sich auf Schwarz-Weiß-Fotografien – ja, so lange ist das her –, die sich, noch in alter Klebetechnik befestigt, irgendwann aus den Albumecken herauslösten. Kein Bild dieser Zeit blieb je ganz an seinem Albumplatz: ein ausgelassenes gemeinsames Den-Berg-Hinunterrodeln im Glitzerschnee am Süllberg oder am Falkenstein; Blindekuhspielen und Topfschlagen in lauter, bunter Gesellschaft auf einem Kindergeburtstag bei uns – turbulenter Kinderfasching bei Euch. Ja, die wohl deutlichste Erinnerung habe ich an diesen ersten Kinderkarneval in Eurem Haus. Vielleicht war ich zweieinhalb oder drei? Ich hatte in den Tagen Mumps. Das ganze Gesicht voller Pickelpusteln, was meine Mutter auf die Idee brachte, die zahlreichen Punkte zum Kostümgesamtentwurf zu gestalten. Ich trat also als Marienkäfer auf – Punkte auf dem Umhang, an den Händen, auf einer überdimensional großen Haarschleife, die das Bild beherrschte. Noch lange war meine Mutter stolz auf dieses Kostüm, und ich fasste den frühen Entschluss, nie wieder Haarschleifen zu tragen.

Nachdem mein Vater von der juristischen Abteilung der Dresdner Bank in Hamburg 1964 in den Vorstand nach Frankfurt berufen worden war, begann schon mit der zweiten Klasse Volksschule meine hessische Jugend. Auf die Nachfrage eines wohlmeinenden älteren Bekannten, wie es mir denn so gefiele in der neuen Schule, antwortete ich: »Ich verstehe kein Wort«, womit ich die Mundart, die in der Schule damals noch viel gesprochen wurde, meinte. Dieses Zitat kursierte viele Jahre im Familienkreis als stehende Redewendung bei Meinungsverschiedenheiten.

Liebe Corinna,

auch in unseren Fotoalben taucht Ihr auf. Es gibt ein schönes, lustig-fröhliches Bild von einer Barkassenfahrt im Hamburger Hafen, in dessen Zentrum unsere Mütter entspannt miteinander plaudernd zu sehen sind. Es gibt Super-8-Aufnahmen von einem gemeinsamen Skiurlaub und Aufnahmen, auf denen Deine Mutter auf einer Bergstation in den weißen Schnee schaut und Dein Bruder Schwünge durch den Schnee zieht. Natürlich gibt es Fotos von meiner Taufe, mit Deinem stolzen Vater für das Foto aufgestellt neben meiner Mutter und mit den anderen Paten, und dann später von dem gemeinsamen Essen mit vielen Gästen.

Julia

Julia Albrecht
mit ihrer Mutter
und ihrem Taufpaten
Jürgen Ponto

Liebe Julia,

jetzt muss ich mich schon suchend konzentrieren auf weitere Begegnungen mit Eurer Familie. Vielleicht einzelne Besuche von uns auf der Durchreise in die Nordferien, Besuche Deiner Eltern in Oberursel auf der Reise in den Süden.

Bei meiner Konfirmation 1972 saßen wir alle um einen großen runden Tisch in einem Kronberger Hotel. Der jüngere Bruder meiner Mutter hielt eine liebevolle, wie immer lustige Rede mit dem Höhepunkt der Übergabe eines uraltsilbernen Serviettenrings. Es war der letzte Gegenstand, den es noch vom Generalfeldmarschall Helmuth von Moltke gab. Selbstbewusste Engel hielten auf ihm das Familienwappen – ein Taufgeschenk für meine Urgroßmutter Lenore, welches zu entsprechenden Gelegenheiten an jüngere Familienmitglieder weitergereicht wurde. Nun war ich an der Reihe.

Empfindsam, wie ich damals war, weinte ich vor gerührter Aufregung unkontrolliert los, eine nicht untypische Verhaltensweise meiner Familie mütterlicherseits bei Tischreden, und verschwand mit dem Kopf unter dem Tisch. Beim Wiederaufblicken schaute ich direkt in die verwirrten Augen Deines Vaters, meines Patenonkels, der mir genau gegenübersaß. Diese Blick-Koinzidenz, das Treffen meiner verweinten, tränengefüllten mit seinen verwirrten Augen, ging mir später immer wieder durch den Kopf. Ein Augen-Blick, der nicht eingeklebt, sondern eingebrannt war im Familienalbum.

Dein Vater schenkte mir an diesem Tag eine kleine Silbervase für eine Blume. Ich mochte die Vase sehr, habe sie später aber nur ganz wenig benutzt, das eingravierte Datum stets zur Wand gewendet.

Nach dem festlichen Konfirmationsessen gab es noch einen Kaffee mit viel Zufriedenheit und Frohsinn in der Runde auf der Terrasse des Hotels. Fünf Jahre später sollte meine Mutter genau hier, in dem dunkelgetäfelten Vorraum zu dieser Terrasse, in Ohnmacht fallen.

Meine vorletzte Erinnerung an Deine Eltern betrifft meinen 18. Geburtstag. Meine Eltern hatten neben meinem Freundeskreis alle ihre Lebensfreunde mitsamt ihren Kindern eingeladen. Deine Eltern kamen allein.

Im Dunkel der frühen Nacht, punktuell beleuchtet von einzelnen kleinen Windlichtern, riss die lange Perlenkette Deiner Mutter – ich glaube, an einer Stuhllehne. Die Umsitzenden sprangen hilfstrunken auf und tasteten gemeinsam den Verandaboden ab. Die Perlen hatten aber ein anderes Tempo und konnten nicht vollständig eingesammelt werden; dafür habe ich mich seltsam verantwortlich gefühlt. Dieses Wegspringen der frechen weißen Muschelbewohner und die Hilflosigkeit, sie zu fangen, bleiben mir starke Erinnerungen an den Tag. Vielleicht liegt noch eine Perle dort.

Deine Corinna

Konfirmation von Corinna Ponto.
Links neben ihr ihre Mutter und ihr
Taufpate Hans-Christian Albrecht

Nachwirkungen des Krieges

Julia Albrecht

Für mich gab es keine Vorahnung in Bezug auf das, was 1977 geschah. Ich hatte die Sorgen der Eltern um Susanne in der Zeit zuvor zwar partiell mitbekommen, aber nur so, wie man ein Unwetter vorbeiziehen sieht. Wenn sie sich um Susanne oder auch meine anderen Geschwister sorgten, dann nahm ich das als eine Erwachsenensicht wahr, die mit meinem Kinderblick auf meine Geschwister nichts zu tun hatte. Ich liebte meine großen Geschwister mit starker Leidenschaft, gleichzeitig aber aus der Ferne. Sie waren ausgezogen, noch bevor ich acht Jahre alt wurde, und waren die nächsten Jahre nur noch sehr sporadisch zu Hause. Vor allem die Schwestern spielten für mich eine wichtige Rolle, sie verkörperten ein anderes Leben außerhalb meines Vorstadtradius, sie brachten eine Aura anderer Welten und anderer Werte, sie brachten Abgrenzung und das Leid des Erwachsenwerdens mit, wenn sie zu Besuch kamen.

1977 war Susanne 26 Jahre alt, sehr erwachsen also in den Augen einer 13-Jährigen. Damals lebte ich mit meinen Eltern in einer großen Wohnung in Hamburg-Othmarschen. Ich hatte gerade die siebte Klasse beendet. Meine Fixpunkte waren meine Freundinnen und Freunde in Schule und Nachbarschaft.

Meine Erinnerung an Susanne ist brüchig. Ich weiß, dass sie uns regelmäßig besuchte. Und dass diese Besuche nicht immer stressfrei waren. Manchmal waren auch beide, meine Schwester und meine Mutter, entspannt, und man konnte gemeinsam die Zeit genießen. Meine Rolle war eigentlich immer eine beobachtende. Ich liebte es, wenn Susanne da war. Ich erinnere mich besonders an ihr Aussehen. Ich liebte ihre dunklen Haare, ihre unglaubliche Größe und ihre Dürrheit. Ich fand die Mischung all ihrer körperlichen Attribute verführerisch perfekt, ihr Aussehen und ihre ganze Art. Sie war gleichzeitig tapsig wie ein Bär und lässig wie eine Giraffe. Sie hatte etwas von einem nervigen Nasenbär und einer Respekt einflößenden Löwenlady. Das Einzige, was ich als 13-Jährige an Susanne nicht mochte, war, dass sie so wenig Zeit mit mir verbrachte.

Meine Mutter stammte aus einer Offiziersfamilie, in der die alten preußischen Tugenden hochgehalten wurden. Ihr Vater war bis zum Ende des verlorenen Ersten Weltkriegs Offizier; danach startete er eine zivile Karriere und war später Leiter eines Arbeitsamts. Ehrlichkeit, Zuverlässigkeit, Pünktlichkeit waren wichtige Elemente ihrer Erziehung gewesen, die sie, leicht abgeschwächt, auch an uns Kinder weitergab. Während des Krieges war sie gemeinsam mit ihrer älteren Schwester und ihrer Mutter am Lützowplatz in unmittelbarer Nähe zum Tiergarten, in Berlin ausgebombt worden. Ihre Kriegserfahrungen waren geprägt von Angst und Sorge, vor allem um ihre Mutter, von der sie zeitweilig getrennt war, auch von Hunger. Ihr Großvater mütterlicherseits war – im Sinne der Nazis – Jude, was sie als 11-Jährige hinter vorgehaltener Hand von einem Cousin erfuhr, und sie wurde groß mit dem Gefühl, etwas Wesentliches stets verheimlichen zu müssen. Nach dem Krieg, 19-jährig, landete meine Mutter in Hamburg und fasste dort, auch mithilfe meines Vaters, den sie schon als Jugendliche in Berlin kennengelernt hatte, Fuß. Noch während des Krieges hatte sie in Berlin eine Ausbildung zur Bibliothekarin abgeschlossen und arbeitete in Hamburg zunächst an der Universitätsbibliothek, später studierte sie Orientalistik und lernte Hebräisch und Arabisch.

Unser Vater stammte aus einer Hamburger Juristenfamilie. Sein Vater, Groß- und Urgroßvater waren Juristen in Hamburg gewesen, und so war es vielleicht selbstverständlich für ihn, ebenfalls Jura zu studieren. Während des Krieges war sein einziger Bruder 1942 vor Leningrad gefallen. Er selbst wurde 1944 als sogenannter Vierteljude aus der Wehrmacht entlassen, denn sein Großvater väterlicherseits war – obwohl bereits in der dritten Generation getauft – im Sinne der Nazis Jude, und sein Vater, mein Großvater, musste als sogenannter Halbjude Schutt und Leichen in Hamburg beiseiteschaffen.

1949 heirateten meine Eltern. Schnell nacheinander wurden meine Schwestern geboren. Während mein Vater an einem der beiden Schreibtische seine Doktorarbeit schrieb, wickelte meine Mutter auf ihrem Schreibtisch die Babys.

Meine Eltern haben immer wieder davon erzählt, wie herrlich der Neubeginn nach dem Krieg war, mit wie viel Hoffnung diese Zeit verbunden war. Mit ihrer Generation teilten sie die fröhliche Ausgelassenheit dieses Neubeginns und die innige Hoffnung: nie wieder Krieg! Als 1955 die Bundeswehr gegründet wurde, versprachen sie einander, dafür zu sorgen, dass keines ihrer Kinder jemals zum Militär gehen würde.

Mein Vater engagierte sich gleich nach Kriegsende im »Zentralausschuss Hamburger Studenten« für den Wiederaufbau der Uni und wurde 1946 als einziger Student in die erste – ernannte – Hamburger Bürgerschaft entsandt. Noch im selben Jahr, im Oktober 1946, zog er für die CDU in die erste frei gewählte Bürgerschaft ein. Viele seiner Freundschaften stammen aus den Jahren dieses gemeinsamen glücklichen Aufbruchs. Auch die zu Jürgen Ponto. Kennengelernt hatten sie sich am juristischen Seminar in Hamburg.

Die Familie von Jürgen wohnte in der Magdalenenstraße,

die meines Vaters in der Heilwigstraße – nachbarschaftliche Nähe in der Innenstadt. Die Männer verband mehr als der Zeitgeist der Nachkriegsjahre. Beide studierten Jura. Beide interessierten sich für den Wiederaufbau der Universität, für Politik. Beide konnten gut reden und reimten gerne für Anlässe aller Art. Äußerlich hätten die beiden Männer unterschiedlicher nicht sein können. Jürgen groß und eindrucksvoll in seinem Auftreten. Mein Vater klein, drahtig, mit immer freundlichem Gesichtsausdruck.

Über 30 Jahre lang waren wir befreundet. Wir haben in unseren allerbesten Jahren viel miteinander erlebt. Wir haben geheiratet, und unsere Freundschaft erweiterte sich auf unsere Frauen, bald auch auf unsere Kinder, auch auf unseren Nachkömmling Julia, die Deine Patentochter wurde, so wie ich Corinnas Pate war. Wir hatten die gleichen Vorstellungen darüber, was aus den Kriegstrümmern entstehen sollte. Wir hatten zueinander passende Freunde. Wir haben uns gegenseitig angespornt und voneinander gelernt. Alles in dieser wundersamen Zeit nach dem Kriege, in der sich immer wieder neue Möglichkeiten ergaben.

In manchem warst Du auch Vorbild. Deine Nüchternheit war voller Herzlichkeit. Deine Beredsamkeit war auf Kenntnisreichtum wohl fundiert, Deine Klarheit und Entscheidungsfähigkeit waren zugleich verständnisvoll und überlegt. Das klingt ein bisschen abstrakt, aber es hilft doch, uns daran zu erinnern, was Du mir bedeutet hast, wie ich Dich gern gehabt und wie ich Dich geachtet habe. Viele konkrete Erinnerungen drängen sich dazu.

Ich denke z. B. an den Abend, als Ignes gerade Corinna geboren hatte, sie lag in der Mittelwegklinik, und wir saßen bei Dir zu Hause in der Magdalenenstraße und sahen zu ihr rüber. Oder ich denke an den Tag, als wir Tischrücken ausprobierten und als es dann plötzlich wirklich funktionierte. An

die Taufen Deiner und unserer Kinder denke ich, an Gesprä-
che über Berufschancen, an Silvesterabende mit und ohne
Feuerwerk, an Skilaufen mit Ignes und den Kindern in Hoch-
gurgl, an politische Gespräche, an Gespräche über den Sinn
des Lebens und an Neujahrsspaziergänge von eurem Wald-
häuschen aus.

Diese Worte stammen aus einem Brief meines Vaters, den er
1992 an den toten Freund gerichtet hat.

Auch als Pontos berufsbedingt nach Oberursel zogen, bestand die Freundschaft fort. Ich erinnere mich an einen Besuch von Jürgen an einem warmen Sommertag in Blankenese.
Er warf für mich ein Fünfmarkstück in das Schwimmbad
und bewunderte meine Tauchkünste. Meine Mutter erinnert
sich, dass die beiden Männer an diesem Tag gemeinsam einen langen Spaziergang unternahmen, bei dem es um die
Frage ging, ob Jürgen den Vorstandsposten bei der Dresdner
Bank annehmen sollte.
Meine Mutter fühlte sich in Hamburg immer auch ein wenig
fremd. Nicht als Hamburgerin eben. Die hamburgische Gesellschaft, zu der man entweder gehörte oder eben nicht, die
Attribute des Wohlstands, die auch meinen Vater anzogen,
waren ihr ein wenig suspekt. Die Auseinandersetzung meiner Eltern um den Bau eines Schwimmbads im Garten des
1962 erworbenen Hauses in Blankenese war hierfür sicherlich symptomatisch. Meine Mutter fand das protzig und *over
the top.* Für meinen Vater verkörperte sich darin zwanglos
die Umsetzung seiner persönlichen Wünsche, und es erfüllte
ihn durchaus auch mit Stolz, dass er sich diesen Lebensstil
erarbeitet hatte.
Die Aufbruchsstimmung der Studentenbewegung erreichte
natürlich auch meine Eltern und hatte vor allem auf meine
Mutter einen gewissen Einfluss. Sie las die neuesten Publi-

kationen zu Politik, Psychologie und Pädagogik, sie las sowohl das *Kursbuch* als auch den *Merkur*, sie las Alexander Mitscherlich, Bruno Bettelheim, Hannah Arendt, Sigmund Freud erneut, Adorno, Horkheimer und Habermas. Und sie begleitete Susanne zu mancher Vorlesung an die Universität, weil sie besser verstehen wollte, was die Studentengeneration bewegte, unter anderem auch zu einem Vortrag des niederländischen Psychiaters Sjef Teuns, der 1973 einen viel gelesenen Artikel im *Kursbuch* zu den Folgen der Isolationshaft von RAF-Gefangenen veröffentlicht hatte. Und sie erzog mich – in der Folge der neuen Gedanken und Erkenntnisse – ganz anders, vor allem weniger streng als die Großen. Manieren und Benimm standen weniger im Fokus. Wichtiger war nun, dass ihr jüngstes Kind sich entfalten konnte. Der Anpassungsdruck war weniger stark. Die theoretische Offenheit für die neuen Zeiten war bei meinem Vater vielleicht nicht so ausgeprägt. Und auch bei meiner Mutter führte sie nicht zu einer wirklichen Annäherung an die Gedankenwelt meiner Schwestern. Im Herzen, glaube ich, blieb ihr das Unbehagen, das vor allem Susanne offenbar empfand, ihre Wut und ihr Aufbegehren, fremd.

Was meinen Eltern – so wie der Mehrheit ihrer Generation – weitgehend fehlte, war das Verständnis für das spezifische Leiden der heranwachsenden Generation, das zum einen mit der nicht vollzogenen Bewältigung der Naziverbrechen und zum anderen mit den nicht aufgearbeiteten eigenen traumatischen Kriegserfahrungen zu tun hatte. Sie verstanden das Aufbegehren ihres Kindes gegen ihren persönlichen Wohlstand und die kapitalistische Gesellschaft falsch, wenn sie meinten, es ginge nur um Äußerlichkeiten. Der eigentliche Konflikt ging viel tiefer. Und wäre auch als Familienkonflikt nicht lösbar gewesen.

In Bezug auf die Vorwürfe der Jugend an die Elterngeneration, mitverantwortlich für die Verbrechen der Nazis gewesen zu sein, fühlten sich meine Eltern nicht angesprochen. Beide waren während der Nazizeit damit konfrontiert gewesen, dass jeweils ein Großelternteil jüdisch war.

Wenn ich mich richtig erinnere und es richtig verstanden habe, kreisten die Auseinandersetzungen innerhalb der Familie weniger um Politik. Darum auch. Es war einfach eines der Themen meiner Schwester, die Auswüchse des Kapitalismus anzuprangern und diese auch in dem Lebensstil ihrer Eltern verkörpert zu sehen.

Ausgetragen wurden die Konflikte in den Auseinandersetzungen um Äußerlichkeiten. Immer wieder ging es um die Kleidung meiner Schwester, um die Frisur, um die Einrichtung der Wohnung und die Gegend, in der sie wohnte. Es scheint, als symbolisierten sich für beide, für die Eltern und für die Schwester, eben hierin die Konfliktlinien. So wie meine Eltern in den Siebzigern lebten, war es für sie sehr schwer zu akzeptieren, dass sich ihr Kind so stark von ihnen absetzte.

Auch für mich waren diese Konflikte nicht ganz einfach, da ich klar spürte, dass sich dahinter einander widersprechende Weltanschauungen verbargen. Ich fürchtete auch um meine eigene Stellung in der Familie und wollte es mir mit keiner Fraktion verderben. Ich wollte nicht, dass die Lebensstilkritik an meinen Eltern auch an mir hängen blieb. Eng verbunden mit meinen Eltern und fern der Lebenswelten meiner Schwestern fürchtete ich um mein Ansehen bei ihnen. Die Schwestern vermittelten klar, dass sie den Wohlstand und deren Attribute ablehnten. Und so wie meine Eltern auf sie, versuchten sie auf mich über die Kleidungsfrage einzuwirken. Sie kritisierten mein ewiges Röcketragen und wollten, dass ich endlich Jeans trug.

Meine älteste Schwester schenkte mir zu meinem Geburtstag nicht nur ungarische Salami, die ich liebte, und gelegentlich Schmuck – ich erinnere mich an eine Uhr und an einen Armreif –, sie schenkte mir vor allem Jugendbücher aus dem Verlag Beltz & Gelberg. An dem schiefen Blick meiner Mutter und an dem unschuldigen Blick meiner Schwester konnte ich unschwer ablesen, dass sich dahinter eine Botschaft verbarg, dass die orangefarbenen Bücher Gedanken und Vorstellungen vermittelten, die in der Bücherwand meiner Eltern nicht unbedingt vorkamen. Später machte sie sich dann einen Spaß daraus, in einem ausgeschnittenen Buchblock mit dem Cover von Beltz & Gelberg ein ganz anderes Geschenk für mich zu verstecken.

1976 reisten meine Eltern mit mir zum Besuch eines nahen Verwandten nach Südafrika. Insgeheim hoffte ich, dass meine Schwestern davon vielleicht nichts erführen, denn ich meinte zu wissen, dass in ihren Augen eine solche Reise vollkommen verwerflich war. Nicht nur wegen der Exklusivität eines solchen Fluges, sondern auch, weil Südafrika mit seiner brutalen Apartheidpolitik als Reiseziel diskreditiert war.

Drei Besuche

Corinna Ponto

Deine Mutter rief meine Mutter 1977 eines Abends mit der Bitte und Frage an, ob S. bei uns übernachten könne, denn sie brauche eine Schlafpause auf dem Weg von Basel nach Hamburg. Sie berichtete, dass S. wieder zu Hause sei, und auch, dass sie gerade eine so gute Entwicklung mache. Darüber seien sie und Dein Vater froh und erleichtert. S. sei sogar zu einer Konfirmation mitgekommen.

Meine Mutter stellte aus Diskretion, vielleicht auch aus Unaufmerksamkeit leider keine Gegenfragen: Welche gute Entwicklung, wo stand sie denn früher? Wir hatten ein offenes Haus – selbstverständlich konnte S. kommen.

Von ihrer politischen Orientierung und Vorgeschichte wussten wir so gut wie nichts. Weder von ihren Beziehungen zur linken Hausbesetzerszene in Hamburg noch von der Tatsache, dass S. seit 1973 im BKA-Computer registriert war. Auch von ihrer Beziehung zu Karl-Heinz Dellwo, ihrer Zugehörigkeit zum Umfeld der Attentäter auf die Deutsche Botschaft in Stockholm 1975, einer Festnahme an der holländischen Grenze und einem eingestellten Gerichtsverfahren aus dem Jahr 1976 hatte Deine Mutter nichts erwähnt. Das erfuhren wir alles viel später – auch dass Dein Vater mit dem Strafverteidiger in S.' Gerichtsverfahren korrespondiert hatte.

Vielleicht kann man die Tatsache, dass wir so ahnungslos

waren, was S. betraf, auch so erklären: Die Familienfreundschaft beruhte ja vor allem auf der engen Jugendbindung der Väter. Doch man hatte sich aus den Augen verloren – die Berufsjahre absorbierten die Väter. Und: Es war damals absolut unvorstellbar, so betrogen zu werden. Vergleichbares war noch nie geschehen.

1977 besuchte uns Deine Schwester drei Mal. Was kann ich dir von den beiden Besuchen im Mai und Juni 1977 erzählen, die ich miterlebt habe? Von den wenigen auffälligen Momenten, an die ich mich erinnere? Im Nachhinein weiß ich, dass es sie gab. Und über die Jahre gewannen diese Situationen an Tiefenschärfe und Deutlichkeit.

Wo soll ich anfangen? Bei dem Licht, das spät nachts noch in ihrem Gästezimmer brannte, als S. bei uns übernachtete? Bei ihrem geradezu attackenartigen, kraftvollen Stürmen zur S-Bahn? Bei diesem einen *Augen-Blick, Augen-Aufriss* beim Frühstück? Schaue ich auf diese Tage zurück, sehe ich nur kurze Sequenzen, Blitzlicht-Momente, in denen vielleicht schon damals zu ahnen war, was passieren würde.

Ich versuche es ausführlicher. Ich habe noch einen ganz intensiven Eindruck von ihrer Persönlichkeit. Sie hatte ein Lächeln, ein hier und da fast leicht schnaubendes Lachen, das einherging mit einer tatsächlichen und vielleicht auch bewusst gepflegten Scheu. Es war beinahe ein Kokettieren mit Zurückhaltung, und dennoch wirkte sie sehr stark und gefestigt auf mich. Entschlossenheit und Zurückhaltung bewegten sich pendelnd in einer Balance. Habt ihr Euch zu Hause je lautstark gestritten? Ich erinnere mich, sie sprach leise, aber schnell, huschte oder stolperte manchmal durch die Sätze.

Wie kann ich beginnen? Ich muss ein Stück zurückgehen für den bewussten *Augen-Blick.*

Im Frühjahr 1975 lernte ich bei einer Abendeinladung von Prinzessin Margaret von Hessen ihren engen Freund, den Violoncello-Virtuosen Mstislaw Rostropowitsch, kennen. Er überredete mich beharrlich, ihm vier Wochen später, wenn er wieder nach Frankfurt käme, dieses und jenes Stück auf dem Cello vorzuspielen. Nachdem ich dieses Vorspiel anscheinend einigermaßen bewältigt hatte, bot er mir an, gratis Privatstunden bei ihm zu nehmen. Diese herausfordernde Violoncello-Phase ging dann über zwei Jahre. In Berlin, Frankfurt, Rotterdam, Baden-Baden, wo immer er gerade konzertierte, fand er vor seinen Auftritten Zeit für eine Unterrichtsstunde.

Am 30. Mai 1977 abends – Deine Schwester hatte sich wohl gleichzeitig zum Übernachten in Oberursel angesagt – sollte ich zur *lecture* vor einer Abendeinladung in die schwedische Botschaft in Bonn kommen. Ich war sozusagen zufällig gleichzeitig mit meinen Eltern dort eingeladen. Nach der Musikstunde in einem der oberen, mit schwerer Wandbespannung ausgestatteten Räume der Botschaft ging es die Treppe hinunter in das Getümmel des Empfangs. Slawa Rostropowitsch versank mit guten Getränken versorgt und in ein gestenreiches Gespräch mit dem sowjetischen Botschafter Valentin Falin vertieft für den Rest des Abends in einem Sofa. Ich suchte meinen Weg durch die große Gästeschar. Mein Vater, der gerade Herbert Wehner begrüßen wollte, hielt mich auf, damit auch ich dem damaligen SPD-Fraktionsvorsitzenden die Hand gab. Aus einer trotzköpfigen Laune heraus, die aber meiner intuitiven Haltung diesem Politiker gegenüber entsprach, grüßte ich sehr unlustig, verweigerte den Handschlag und zog mit einer schnellen Drehung auf dem Fuß weiter.

Gegen Mitternacht fuhren wir heim nach Oberursel. Bei unserer Ankunft um circa zwei Uhr dreißig brannte das Licht im Gästezimmer noch. »Wer ist denn zu Besuch?«, fragte ich. »Susanne Albrecht.« Ich wunderte mich, dass sie uns nicht noch begrüßte, wenn sie doch so lange wach war. Es sah doch so aus, als wartete sie auf uns.

Am nächsten Morgen am Frühstückstisch erzählte mein Vater amüsiert und immer noch leicht verwundert von der missglückten Begrüßung Wehners am Abend zuvor. Deine Schwester hatte gerade den Blick auf ihren Teller gesenkt. Bei der Erwähnung der schwedischen Botschaft schnellte ihr Kopf ruckartig hoch. Ich weiß noch, wie erstaunt ich über diese Heftigkeit war. Sie riss ihre Augen weit auf und musterte mich mit schnell forschendem Blick, als könne ich irgendetwas durchschauen. Dieser Panikblick war für mich im Nachhinein so ein Sekundenschlüssel für ein Verstellungsspiel, für etwas Verborgenes. Ein Schatten war plötzlich über dem Tisch, der aber genauso schnell in den munteren Gesprächslinien wieder verflog. Später konnte ich mir S.' starke Reaktion damit erklären, dass sie wohl assoziativ an den RAF-Anschlag auf die Stockholmer Botschaft der Bundesrepublik im April 1975 gedacht haben musste.

Nach dem Frühstück brachte ich S. noch zu ihrem Auto. Es war voller Sand und mit übereinandergestapelten Gepäckstücken, Zeitungen und Reisekartons beladen. »Ich komme gerade aus den Ferien von der französischen Küste.« Das sah man ihr an. Sie war kräftig braun gebrannt.

Bei ihrem zweiten Besuch kam S. überraschend, an einem Nachmittag im Juni 1977. Sie suche gerade eine Wohnung in Frankfurt und wolle nur mal so vorbeischauen. Meine Mutter konnte sich gar nicht um sie kümmern, da befreundete Musiker aus Freiburg für eine Konzertprobe gekommen waren. Während des Musizierens fiel meiner Mutter auf, wie regungslos S. der dreistündigen Probe zuhörte. Sie saß dabei, ohne sich zu rühren oder zu bewegen. Dabei muss endlos viel Bewegung in ihren Gedanken gewesen sein.

Als ich später dazukam, gingen wir beide in den Garten, setzten uns auf eine Bank und unterhielten uns. Da ich in den Prozessen später immer wieder nach Auffälligkeiten in diesem Gespräch gefragt worden bin, erinnere ich mich auch nur noch an diese. Sie fragte mit besorgtem Unterton und gleichzeitig beiläufig nach unseren »Sicherheitsvorkehrungen«, nach den Hunden, nach Alarmanlagen. Da gab es wenig zu berichten: Es gab keine Alarmanlage, die Hunde waren verspielte Begrüßer jedes neuen Besuchers, und S. konnte für sich nur feststellen: Hier ist wahrlich keine Festung zu überwinden.

S. blieb bis zum Abendessen. Es gab Forellen. Eine Portion zu wenig, da der Besuch unangekündigt war. Meine Mutter teilte ihren Fisch mit ihr. Ein starkes Bild.

Mitten im fröhlichen, munteren Gespräch am Tisch, in dem sie zwischendurch auch mitlachte, sprang S. ohne Vorankündigung plötzlich auf und wollte dringend zum Bahnhof. Ich fuhr sie zur S-Bahn. Noch während meiner Schrittfahrt vor der kleinen Bahnstation riss sie die Autotür heftig auf, sprang heraus und raste mit einer überraschenden Kraft in Richtung der Gleise. Ich blieb verwundert mit offen gelassener Beifahrertür im Auto zurück. Auch dies so ein Schlüsselbild. Für mich stand im Nachhinein hinter der impulsiven Kraft, die dort urgewaltig ausbrach, ein hochtrainierter Körper. Vorbereitet wohl für einen Angriff, habe ich diesen Körper rasend flüchten sehen. Flucht als vorweggenommene Attacke. Ein Gegenmoment zu der über viele Stunden als ruhig, ausgeglichen und zurückhaltend erlebten Erscheinung der Person.

Das »Verzweiflungsspiel«

Julia Albrecht

Was war geschehen, bevor Susanne in den Untergrund ging und die Türöffnerin bei Pontos gab? Wer hatte Schuld? Im Gespräch mit Anne Siemens hattest Du gesagt, dass meine Eltern Susannes Biografie kannten und dass Deine Familie von diesem Wissen »unverzeihlich viel später« erfuhr.

Hätten unsere Eltern Deine Eltern warnen müssen? Hätten sie Auskunft geben müssen über ihre politische Entwicklung, anstatt das – eigentlich – Selbstverständliche anzunehmen, dass die Tochter bei den Freunden auf der Durchreise tatsächlich nur übernachten wollte? Hätte meine Mutter in Erwägung ziehen müssen, dass ihre Tochter sie benutzte, um einen Kontakt herzustellen für ein Verbrechen an der befreundeten Familie? Wie muss man gemacht sein, um der aktiven Verstellung des Kindes nicht auf den Leim zu gehen?

In dem Prozess 1991 hat meine Schwester daran festgehalten, dass sie diese Bitte einer Kontaktaufnahme zu Pontos noch nicht vor dem Hintergrund des Entführungsplans ausgesprochen habe. Ich habe das nicht geglaubt. Es ergab in vielerlei Hinsicht keinen Sinn. Und ich habe es als Schutzbehauptung gewertet, um den Vorwurf des Verrates nicht nur an Pontos, sondern auch an meinen Eltern abzuschwächen. In den Monaten vor dem Anruf bei Euch hatten meine Eltern das Gefühl gewonnen, dass sich meine Schwester der

Familie wieder angenähert habe. Sie hatte wieder Interesse an unserer Familie gezeigt und meine Mutter sogar auf eine Konfirmation begleitet. Sie hatte ihr Äußeres verändert, war – in den Augen meiner Eltern – wieder »ordentlich« gekleidet, hatte sich die Haare geschnitten. Vor diesem Hintergrund haben meine Eltern auch Susannes Bitte verstanden, bei Euch übernachten zu wollen, als Wiederannäherung an die eigenen Werte, das eigene Leben. Nicht als potenzielle Gefahr für die Freunde.

Diese Sichtweise drückt mein Vater auch in seinem bereits erwähnten Brief an den toten Freund aus dem Jahr 1992 aus:

Dass Susanne damals wieder Kontakt zu Euch bekommen hatte, mag damit zusammenhängen, dass Christa Euch gefragt hatte, ob sie Euch mal besuchen könne. Dass Du weißt, dass das arglos geschah, dessen bin ich mir sicher. Wir waren ausgerechnet zu jener Zeit völlig überzeugt davon, dass sie ihre lange dauernden Kontakte zur »Szene«, beginnend mit Hausbesetzungen und Antifolter-Komitee, endlich aufgegeben hatte. Sie wollte, so sagte sie, Examen machen, ihr Äußeres veränderte sich. In Frankfurt wollte sie eine Weile bei einer kommunalen Theatergruppe mitwirken. Wir waren selig und seit Jahren erstmals voller Hoffnung, dass sie jetzt in eine normale Lebensbahn einmünden werde. Die vorausgegangenen Jahre waren schlimm gewesen. Den Kopf hatte sie voller Utopie ohne logische Verknüpfung mit den Grundlagen des wirklichen Geschehens. Du hast ja das Heraufdämmern der schlimmen Jahre durchaus miterlebt.

Wie lief die Radikalisierung meiner Schwester ab, und was wussten meine Eltern über diese Entwicklung ihrer Tochter? Auch um diese Frage beantworten zu können, hat mir meine Mutter in den letzten Jahren alle Unterlagen gegeben, die sich in ihrem Haushalt befinden und die mit der Tat, der

Entwicklung dorthin, mit den Gedanken meiner Eltern und mit dem, was seit ihrer Festnahme geschehen ist, im Zusammenhang stehen. Sie hat mir Briefe meines Vaters gegeben, die immer wieder nur um dieses eine Ereignis kreisen. In der Gesamtschau schließen diese Unterlagen einige meiner Verständnislücken, insbesondere auch in Bezug auf die Haltung meiner Eltern. Anderes weiß ich aus dem Prozess, aus den Vernehmungsprotokollen, auch aus Büchern.

1971 kam meine Schwester aus dem Internat zurück, wo sie ihr Abitur abgelegt hatte. In Hamburg jobbte sie zunächst im Altonaer Krankenhaus und immatrikulierte sich dann an der Uni für Pädagogik und Soziologie. Sie wohnte in verschiedenen Wohngemeinschaften, unter anderem mit Karl-Heinz Dellwo und Bernhard Rössner, später auch mit Sigrid Sternebeck und Silke Maier-Witt, die später alle zur sogenannten zweiten Generation der RAF gehörten.

Ihre erkennungsdienstliche Behandlung infolge ihrer Unterstützung der Hausbesetzer der Hamburger Ekhofstraße am 23. Mai 1973 erlebte Susanne als brutal: »Die Hände wurden am Rücken (...) gefesselt. Dann wurden wir erkennungsdienstlich behandelt, und es fand eine kurze Vernehmung statt. Dieses Erlebnis war für mich ein totaler Schock. Niemals hätte ich gedacht, dass die Polizei gegen friedliche Menschen so brutal vorgehen würde« (aus ihrer Vernehmung vom 23. Juli 1990). Das Ermittlungsverfahren wurde wieder eingestellt.

Ab 1973 arbeitete sie in dem Hamburger »Komitee gegen Folter an den politischen Gefangenen in der Bundesrepublik Deutschland« im Büro des Anwalts Kurt Groenewold am sogenannten Infosystem zum Austausch von Nachrichten zwischen den inhaftierten RAF-Mitgliedern mit. Im Oktober 1974 nahm sie an der Besetzung des Hamburger Büros von Amnesty International teil.

Nachdem ein RAF-Kommando am 24. April 1975 die Botschaft der Bundesrepublik in Stockholm überfallen und den Militärattaché Andreas von Mirbach und den Wirtschaftsattaché Heinz Hillegaart ermordet hatte, wurde auch die Wohnung meiner Schwester durchsucht, in der bis kurz vor dem Attentat auch Karl-Heinz Dellwo, einer der Stockholm-Attentäter, gelebt hatte. In der Folge besuchte sie Dellwo als dessen »Verlobte« im Gefängnis und erschien am 25. Mai 1976 zu seinem Strafverfahren vor dem Oberlandesgericht in Düsseldorf an der Seite von Anwalt Klaus Croissant als dessen »Sekretärin Fräulein Albrecht«.

Bereits im November 1973 war meine Schwester an der niederländisch-deutschen Grenze verhaftet worden. In ihrem Gepäck befanden sich laut Anklageschrift vom Januar 1975 »5 Zündkapseln, davon 2 mit Kabel«. Die Sprengkapseln, elektrische und mechanische, stammten aus den Beständen der Bundeswehr. Laut Anklageschrift verteidigte sich meine Schwester damit, dass sie nicht gewusst habe, dass es sich um Sprengkapseln gehandelt habe, sie die Gegenstände vielmehr an einem »Informationsstand« am Hauptbahnhof in Amsterdam gefunden und für »elektrische Artikel« gehalten habe, die sie Bekannten habe mitbringen wollen.

Weiter heißt es in der Anklageschrift: »In ihren Notizen wurden Hinweise auf 2 Waffenbücher gefunden; die Angeschuldigte hat dazu zwar angegeben, sie habe diese Bücher noch nicht gelesen und sich nur deshalb informieren wollen, weil sie viel in der Presse über den Waffengebrauch bei anarchistischen Gruppen gelesen habe.«

Die Staatsanwaltschaft wertete diese Angaben, ebenso wie die Einlassung, sie habe die Zündkörper weder als solche erkannt noch besorgt, als »Schutzbehauptung« und kam zu der Auffassung, dass für die Zündkapseln »in der Baader-Meinhof-Nachfolgeorganisation Verwendung bestehen könnte«.

Was wussten meine Eltern? Beziehungsweise, wie bewerteten sie das, was sie wussten? In einem Schreiben bittet mein Vater einen Strafverteidiger, die Angelegenheit zu übernehmen. Er teilt dem Kollegen seine Auffassung mit, dass der Tatbestand »zur Vorbereitung eines Sprengstoffverbrechens nicht schlüssig dargetan« sei. Und weiter: »Dies alles überspringen zu wollen und einen Indizienbeweis zu versuchen, in dem man einfach behauptet, sie habe Beziehungen zur Baader-Meinhof-Gruppe, ist einerseits schwach, weil ohne jeden Beweis, andererseits fast perfide und von Rufmord ähnlichem Charakter.«

Bei dem Verfahren wegen der Zündkapseln hatte die Staatsanwaltschaft eine weitere Akte beigezogen. Hier ging es um ein Verfahren wegen der Weitergabe von Susannes Reisepass an eine gesuchte RAF-Terroristin, Ilse Stachowiak. Hierzu schreibt mein Vater: »Soweit es sich um die beigezogene Strafakte handelt, ist zu sagen, dass jenes Verfahren eingestellt ist, und zwar durch Verfügung vom 10.6.74, ›mangels Beweises‹. Susanne weiß wahrhaft nicht, wie der Pass – falls es ihrer war – in die Hände der Stachowiak gekommen ist. Sie kennt weder sie noch kennt sie wissentlich Leute, die sie kennen. Dies alles ist jetzt für Susanne umso schlimmer, als sie dabei ist, ihre etwas jugendlich unreflektierten Ansichten abzulegen, und in eine andere, viel ruhigere Entwicklungsphase eingetreten ist. Es wäre eine menschliche Katastrophe, wenn das und ihr Beruf aufs Spiel gesetzt würde[n]. Deswegen möchte ich so gerne erreichen, dass das Hauptverfahren nicht eröffnet wird.«

Auch dieses Verfahren wurde wieder eingestellt. Gegen eine Geldbuße in Höhe von 300 DM.

Meine Eltern machten sich furchtbare Sorgen um die Tochter. Und Freunde und das nahe Umfeld wussten davon. Für meine Eltern aber war es nicht denkbar – natürlich nicht –, dass ihre Tochter bereit war weiterzugehen. Und: Sie wollten ihr unbedingt glauben. Meiner Mutter – das hat sie mir jetzt noch einmal bestätigt – ging es immer auch darum, dass Susanne wissen sollte, dass sie zu ihr hielt.

Gleichzeitig war natürlich auch dieser Glaube gebrochen. Ein weiterer Brief meines Vaters, diesmal an Susanne, macht deutlich, wie sehr sich die Eltern um meine Schwester gesorgt haben müssen. Leider ist der Brief nicht datiert, nur später, mit einem anderen Stift hat mein Vater hinzugefügt: »wann? '76? nicht abgesandt«. Er bezieht sich offenbar auf das Attentat auf die Botschaft in Stockholm, an dem unter anderem Karl-Heinz Dellwo und Bernhard Rössner beteiligt waren, mit denen meine Schwester zusammengewohnt hatte.

Liebe Susanne,

die letzten Ereignisse lösen bei mir eine Flut von Gedanken Dich betreffend wieder einmal aus, über die ich schon neulich gerne mit Dir gesprochen hätte. Manchmal glaube ich, dass Du nur einen Fuß vor dem Abgrund stehst. Jetzt sind es schon enge Bekannte von Dir, die Tod verbreiten und vom Tode bedroht sind. Das kann doch nicht Deinem eigentlichen Wesen entsprechen. Weder bist Du ein Typ für Gewalt und Kälte des Verstandes. Noch kann man mit dieser Art von Gewalt irgendetwas anderes als Gegengewalt erreichen. Wer entführt, bedroht und Bomben legt, führt nur dazu, die anderen Bürger gegen sich aufzubringen, die Polizei zu verstärken und letztlich Gewalt auf beiden Seiten Vorfahrt zu geben. (...)

Du willst allenfalls die Welt verbessern, und Dir ist bisher nichts eingefallen, als sie zu zerstören. Revolution zur Beseitigung der Gesellschaft. – Und was dann. Dann [haben] Gewalt und Mord Triumph gefeiert, und dann wird etwas angefangen. Glaubst Du wirklich, dass das Neue dann frei von Gewalt sein wird? Dass es nicht an den Untaten kränkeln wird, die zu seiner Entstehung geführt [haben]?

Liebe Susanne, es gibt fast gar nichts, was man nicht ändern kann. Es gehört dazu aber ein bisschen Selbstüberwindung und Gesprächsbereitschaft. Noch mal: Bitte verplempere jetzt nicht Dein Leben. Hör auf mit dem Verzweiflungsspiel. Versuche es wenigstens. Lass Dir Rat geben, was Dir frommen könnte, um glücklich zu werden. Versuch nicht die Welt mit Bomben zu retten. Sie schlägt auf Dich zurück. Und Du wirst nichts erreichen außer Deinem eigenen und vielem anderen ... Unglück.

Susanne, ich habe große Befürchtungen für Dich. Du musst jetzt anfangen, Dir selbst zu helfen und Dich selbst kritischer zu prüfen. Du weißt, dass wir Dir gerne dabei helfen.

Pappi

Als ich den Brief vor rund einem Jahr zum ersten Mal gelesen habe, hat er mich sprachlos gemacht. Mein Vater war bereits tot, und er konnte uns nicht mehr sagen, in welcher Situation er den Brief geschrieben hat. Und wie er ihn im Nachhinein bewertete. Ich habe eine Kopie dieses Briefes, auf Bitten meiner Mutter, auch meiner Schwester Susanne geschickt. Sie hat ihn aber nie kommentiert.

Noch mal: Vom Ende her gedacht, also von heute aus, scheint sich der Vorwurf zu bestätigen, dass meine Eltern genug wussten. Um sich Sorgen zu machen, allemal. Sie machten sich große Sorgen. Aber wie sie ihr Wissen bewerteten, das wird erst deutlich, wenn man zwei weitere Briefe meines Vaters hinzunimmt. Er hat sich augenscheinlich auch gefragt, ob er mit seinem Wissen anders hätte umgehen sollen. Einer der Briefe ist der Entwurf eines Antwortbriefs an Deine Mutter, den er wenige Monate nach der Tat auf winzigen Zettelchen notiert und nie auf Briefpapier übertragen hatte. Der andere ist der ebenfalls bereits zitierte Brief an Deinen Vater aus dem Jahr 1992.

In dem ersten Brief heißt es:

Natürlich wussten wir, dass sie Ansichten äußerte, die wir nicht billigen konnten, dass sie zum Beispiel an einer Hausbesetzung teilgenommen hatte, dass sie Sympathie [für] sehr anarchische Ansichten zeigte, dass sie beim sog. [Anti-]Folter-Komitee zeitweise mitgearbeitet hatte, dass sie uns beunruhigende Freunde gehabt hatte und einmal ein Ermittlungsverfahren gegen sie gelaufen war, das eingestellt wurde, weil man glaubte, sie habe Zündkapseln aus Holland nach Deutschland gebracht. In dem Sommer aber, als sie bei Euch war, waren wir selig und erleichtert. Ihre Kontakte mit uns waren … gut … ab März des Jahres gewesen. Sie besuchte uns häufiger. Sie war gelöst, aufgeschlossen für die Familie, sie fragte nach Freunden von früher, nach unseren Freunden auch. Sie schien sich aus Verstrickungen gelöst zu haben, als sie nach Frankfurt ging. Ihr Interesse an uns, an der Familie, an den Freunden schien uns echt und schien uns zugleich so wichtig auch für sie, die, wie wir glaubten, begann sich uns und unseren Ansichten wieder anzuschließen. Wir waren froh, als sie Lust zeigte, Euch zu besuchen. Dass das alles vorgetäuscht gewesen sein soll, können wir auch heute noch nicht glauben. Sollte sie uns so getäuscht haben? Kann man eine Mutter überhaupt so täuschen? Und wäre es wirklich so, wäre es allein für sich genug, Christa bis an den Rand des Selbstverständnisses zu bringen. Wir können zu Dir letztlich nur sagen, wir wissen es nicht. Wir können und wollen die Hoffnung, wenn man das schon eine Hoffnung nennen darf, nicht aufgeben, dass Zwang sie geleitet hat. Seelischer Zwang oder äußerer Zwang oder Täuschung über Absichten.

Ich will gar nicht Dein Verständnis erbitten oder Albrechts reinzuwaschen versuchen. Aber ich möchte gerne, dass Du jedenfalls einmal hörst, dass wir gutgläubig Dir gegenüber stehen, dass wir selbst bis ins Mark getroffen sind.

In dem zweiten Brief nimmt er das Thema noch einmal auf und beschäftigt sich mit den Fragen von Verantwortung und Schuld:

Und dann kommen die vielen Fragen wie zum Beispiel: »Und was haben wir damit zu tun?«, »Was ich?«, »Gibt es z. B. Schuld der Eltern?«
Seitdem ich mehr darüber nachdenke, werden Fragen dringender, aber die Antworten nicht einfacher. Für die Entwicklung unserer Kinder z. B. sind wir sicher sehr umfassend verantwortlich. Wir haben das jedenfalls immer so empfunden. Sie sollten »gute« Menschen werden, friedliebend, gewaltlos und ehrlich. Sie sollten ihre Gaben nutzen, Standards lernen, Verhaltensweisen, die wir für traditionell gesichert und richtig hielten. Darum haben wir uns sehr bewusst bemüht. Und wir liebten sie. Fehlsamkeit bei dem Bemühen, der Verantwortung gerecht zu werden, kann aber vielleicht eine subtile Sache sein. Da gibt es sicher viele Blickwinkel. Susanne z. B. meint (oder meinte doch zeitweise), in diesem Sinne Gründe für ihren Lebensweg in unserem Verhalten gefunden zu haben. Wir hätten zeitweise schlechte Beziehungen zueinander gehabt, aber das heile Familienleben vorgespielt. Am Sachverhalt mag etwas dran sein. Und doch: Ist die Folgerung richtig? War solche Fehlsamkeit Verantwortungsverletzung und war sie wirklich mit Grund für ihr Abgleiten? Und doch bleibt der Stachel. (...)
Weder werde ich das Gefühl der Verantwortung gänzlich los, noch stehe ich voll dazu. Ich möchte Susanne entlasten und kann doch auch den Zorn nicht immer unterdrücken. Ich würde gerne mit Dir darüber reden können.

Das Bekennerschreiben

Corinna Ponto

Das am 14. August 1977 an die dpa in Hamburg geschickte sogenannte Bekennerschreiben, unterschrieben von S., nahmen wir erst Tage nach seiner Veröffentlichung wahr. Es ist das einzige nach einer Gewalttat verbreitete Schreiben in der RAF-Geschichte, das eine persönliche Unterschrift trägt:

wir haben in der situation, in der bundesanwaltschaft und
staatsschutz zum massaker an den gefangenen ausgeholt haben,
nichts für lange erklärungen übrig.

zu ponto und den schüssen, die ihn jetzt in oberürsel trafen,
sagen wir, dass uns nicht klar genug war, dass diese typen,
die in der dritten welt kriege auslösen und völker ausrotten,
vor der gewalt wenn sie ihnen im eigenen haus gegenübertritt
fassungslos stehen.

das staatsschutzgeschmier von 'big money' ist dreck wie alles,
was zu der aktion gesagt worden ist.
es geht natürlich immer zuerst darum, das neue gegen das alte
zu stellen und das heisst hier : den kampf, für den es keine
gefängnisse gibt gegen das universum der kohle, in dem alles
gefängnis ist.

Susanne Albrecht

14.8.77

aus einem kommando der RAF

Dieses deutlich infame Schriftstück setzte eine solche radikale Überzeugungstäterschaft voraus, dass wir damals zu zweifeln begannen, S. könnte da nur »versehentlich« hineingeraten sein. »Bekennerschreiben« – welch ein Hohnbegriff schon in sich. Wer hat sich denn bisher wirklich zu seiner persönlichen Verantwortung bekannt?

Für das Sortieren und Korrigieren ihres Gedankensystems hatten die heute resozialisierten ehemaligen RAF-Häftlinge die Zeitspanne einer Generation lang Gelegenheit. Die Taten sind durch den Strafvollzug juristisch abgegolten – das ist das eine Kapitel. Aber die Verantwortung für die Worte bleibt. Dieses Kapitel ist offen.

Verantwortung übernommen hat keines der RAF-Mitglieder. Im Gegenteil. Christian Klar betonte bei einem Interview im Jahr 2001 noch ausdrücklich bei der Frage nach einem Reueempfinden: »Wenn man von unserem Gedankensystem ausgehen muss, was wir damals hatten – dann kann es keine Reue geben.« Inge Viett bezeichnete 2007 in einem offenen Brief den Terror als »Klassenkampf von unten«. Dem »Guerillakampf« sei »verdammt mehr Erfahrung, Klugheit, Ausdauer und Unterstützung zu wünschen gewesen«; »revolutionäre Gewalt hatte – zu Recht – eine moralische, befreiende Ausstrahlung«. Zu einem *Nicht-weiter-so*-Bekennerschreiben, gerichtet an die Nachfolgegeneration der nationalen Terrorakteure, nämlich die internationalen Terroristen, hat noch kein Aussteiger, kein Exterrorist den Mut gefunden.

Wie würde sich ein früherer RAF-Terrorist äußern, wenn bei einem Zuganschlag in Deutschland sein eigenes Kind Opfer des internationalen Terrorismus werden würde? Das sind die fiktiven Filme, die ich durchspiele. Jedes Schlagwort in diesem Zusammenhang löst bei mir einen solchen Film aus, das ist schon ein Automatismus. Auch wenn ich in den beiden alten Bänden mit den gesammelten Zeitungsartikeln vom August 1977 blättere, die schon viele Umzüge überstanden haben, spiele ich nach mehr als dreißig Jahren den möglichen Verlauf des Verbrechens durch.

Hätte S., die Frau in der Sommerbluse, nach Übergabe eines Rosenstraußes und »gelungener« Entführung das Feindesopfer mit ihren Genossen in den bereitstehenden VW-Bus mit den geblümten Gardinen geschubst? Anschließend wäre die Fahrt für das Opfer, an Händen und Füßen gefesselt, in eine Frankfurter Hochhauswohnung gegangen – wie hätte die Frau in der Sommerbluse ihn angesprochen? Als »Onkel«? Hätte sie ihm das Essen gebracht? Hätte sie bei der Beaufsichtigung geflüstert: »Du musst dich nicht fürchten – das wird alles gut ausgehen?« Oder hätte die Bewachung des Entführten der heute stets so menschenfreundlich auftretende und gern als »Zeitzeuge« präsentierte Peter-Jürgen Boock übernommen?

Lese ich jene alten Artikel, muss ich ungläubig feststellen, wie viele Fehler ich schon auf den ersten Blick aus der eigenen Erfahrung erkenne. Wenn ich das hochrechne, stellt sich die Frage: Was wissen wir eigentlich alles nicht in dieser angeblich so informierten Gesellschaft? Sind zahlreiche Informationen vielleicht eher verhinderte Informationen? Geschönte, gefilterte? Ich lese Zeitungsnachrichten jetzt mit anderen Augen.

S. habe zum Beispiel 1970 gemeinsam »mit der Ponto-Tochter Corinna, 23 ... zahlreiche Partys und große Empfänge in Frankfurter Bankerkreisen« besucht (*stern* 33/1977). Abgesehen von der falschen Altersangabe – ich habe noch nie eine, wie es der *Spiegel* ganz ähnlich nannte, »Bankerparty« besucht. Und S. gewiss auch nicht. Im *stern* wurde dazu ein angebliches Foto von uns beiden abgebildet – nur zeigt dieses Bild, wie ich mit einem Mädchen aus meiner Schulklasse auf der Frankfurter Opernbühne nach einer Ballettgala Blumen überreiche.

Eine andere – ebenfalls unzutreffende – Meldung besagte, ich hätte S. einmal im Frankfurter Flughafenrestaurant zu einem Gespräch getroffen (*Spiegel* 33/1977). Es gab so viele

Beschreibungen der angeblichen Freundschaft zwischen S. und mir, dass meine Mutter dies sogar öffentlich dementieren ließ – es tickerte über die dpa.

In den alten Artikeln finde ich auch den Hinweis auf ein auffälliges, in Karlsruhe anonym verbreitetes Flugblatt, das einer Terrorsympathisantengruppe zugeordnet wurde, die sich als »Initiative gegen die Vernichtung politischer Gefangener« ausgab. Das Flugblatt war die erste Stellungnahme noch vor dem »Bekennerbrief« von S. In der *Süddeutschen Zeitung* vom 16. August 1977 wird daraus zitiert: Der Mord an meinem Vater »sei ›durch die westdeutsche Stadtguerilla‹ verübt worden«. *Westdeutsch?* Eine ungewöhnliche Wortwahl für ein angeblich in Karlsruhe entstandenes Flugblatt, das fiel mir damals schon auf.

Weiter heißt es: »... zum Beispiel war er [Jürgen Ponto] Berater von H[elmut] Schmidt und von Vorster [dem südafrikanischen Staatspräsidenten], [dem ägyptischen Präsidenten] Sadat, dem Schah von Persien«.

Erstaunlich, wie gut die Verfasser des Flugblatts über die wirtschaftlichen, politisch gestützten Kontakte meines Vaters nach Südafrika, Ägypten und Iran informiert waren. Wenn man solche Wirtschaftskontakte allerdings persönliche »Beratungen« nennen will, dann wäre mein Vater auch der persönliche Berater des KPdSU-Generalsekretärs Leonid Breschnew und des sowjetischen Ministerpräsidenten Alexej Kossygin gewesen – denn im Zuge der ersten Wirtschaftskontakte in die UdSSR eröffnete er 1974 die erste Filiale einer deutschen Bank in Moskau. Diese »Initiative gegen die Vernichtung politischer Gefangener« hatte lange Ohren und besaß viel Halbwissen – eine sehr professionell anmutende Kombination.

Bezugnehmend auf die Inhaftierten in Stammheim behauptete die Gruppe in diesem Flugblatt zudem, »der Staat« unternehme seit dem 8. August 1977 mit Hilfe der »westdeutschen« (sic!) Massenmedien eine »propagandistische Vorbereitung auf einen gezielten Mord«. Deshalb seien die Häftlinge von Stammheim in Einzelhaft genommen worden. Ihre »Endlösung« werde vorbereitet. Da wurde also schon die »richtige« Interpretation der Stammheim-Selbstmorde ausgegeben. Acht Wochen zuvor!

Es war, wie es war

Julia Albrecht

Liebe Corinna,

Du hast mich mal gefragt, warum so viele Menschen aus unserem Umfeld Susanne sogleich von Schuld freigesprochen hätten und ob sich dies nach der Veröffentlichung des Bekennerschreibens geändert habe.

Das Ganze ist ja mehrdimensional. Es gab ja nicht nur die persönlichen Reaktionen, es gab auch und vor allem die publizistischen. In den Zeitungen galt Susanne als das Monster schlechthin. Der Verrat an Euch (und uns), der Verrat der freundschaftlichen Bande zwischen den beiden Familien stand und steht dort bis heute im Zentrum. Die Hinterlist, sich bei Euch einzuschleichen als Freundestochter, hat die öffentliche Meinung geprägt, insbesondere nachdem das Bekennerschreiben bekannt geworden war. Denn mit ihrer Unterschrift – wir hatten keinen Zweifel, dass es ihre Handschrift war – bezeugte sie, dass sie zu dem, was sie getan hatte, auch stand.

Im privaten Bereich sah das freilich ganz anders aus. Die Kinder der meisten Freunde meiner Eltern waren im Alter meiner großen Geschwister. Und in vielen dieser Familien gab es mindestens ein Kind, das politisch nicht nur aktiv, sondern geradezu eingesogen war von dem Aufbegehren der Studentengeneration gegen die Elterngeneration. Susanne war nicht die Einzige, die die Verhältnisse, in denen ihre Eltern sich bewegten, als moralisch verwerflich empfand. Sie war nicht die Einzige, die sich für ihre Herkunft schämte und das Leid der Welt im Nah- und Fernbereich stärker in den Fokus nahm als ihre eigene persönliche Entwicklung. Viele der Freundinnen und Freunde meiner Eltern sorgten sich um die Entwicklung ihrer Kinder.

Meine Eltern haben Berge von Post – ich nenne sie »Kondolenzbriefe« – erhalten, in denen Freunde und Bekannte ihnen, ja, quasi ihr Beileid ausdrücken. Damals habe ich diese Briefe entweder nicht zur Kenntnis genommen oder nicht zu Gesicht bekommen. Jetzt habe ich sie mit meiner Mutter gesichtet. Es sind Briefe von engen Freunden und Bekannten, von Geschäftspartnern und Nachbarn. Oft sind es Eltern von Kindern im Alter von Susanne, die einfach heilfroh sind, dass es nicht ihr Kind ist, das die Welt auseinanderzuhauen versucht, sondern eben Susanne. Entsprechend anteilnehmend sind die Briefe. Und in keinem dieser Briefe klingt ein Vorwurf an.

Diese Haltung wurde auch in den Äußerungen von Hajo Wandschneider deutlich, einem Freund unserer Eltern, der Susanne dann in dem Prozess 1991 verteidigt hat. In einem Gespräch mit der *Süddeutschen Zeitung* sagte er damals, dass die Probleme, selbst die Radikalisierung einer Susanne Albrecht, in jener Zeit auch seine eigenen Kinder hätten betreffen können. Und er begründet das auch: »Die Fixierung auf Karriere und Wohlstand, die Verdrängung jenes unendlichen Leidens, das die Nationalsozialisten angerichtet hatten: Intelligenten Kindern ist es nicht verborgen geblieben, dass die Seele ihrer Eltern unter dem Deckel gehalten wurde.«

Das Freisprechen von Schuld hat, wie ich glaube, Gründe, die so banal wie schwer zu verstehen sind. Die Tat meiner Schwester war so unfassbar, dass man sich nicht mehr in sie hineinversetzen konnte. Angesichts der brutalen Verletzung grundlegender moralischer Werte kam es zu der paradoxen Reaktion: Das kann nicht sein! Man versuchte, sich Konstruktionen zu bauen, die das Unverständliche fassbar machten. Susanne ist doch die Tochter von Christa und Hans-Christian, sie ist doch eine von uns, dachte man. Sie hatte doch die Erziehung genossen, die wir genossen hatten. Sie war doch nicht in einem problematischen Umfeld aufgewachsen. Oder etwa doch?

Die Freunde der Eltern reagierten auf diese vollständig unverständliche Tat, indem sie das Naheliegende – es war, wie es war – verwarfen, um nicht in den moralischen Abgrund schauen zu müssen. Lieber wollten sie annehmen, es habe sich bei Susannes Entwicklung um eine Art schicksalhaftes Abgleiten gehandelt oder ihre Tat sei unter Druck oder Zwang erfolgt. Ich will das nicht schönreden. Auch mag der Wunsch, meine Eltern trösten zu wollen, eine Rolle gespielt haben.

Auch Deine Mutter schafft es in ihrem ersten Brief nach der Tat an meinen Vater tatsächlich, meinen Eltern als Trösterin zu begegnen, von der Verwirrung und den Abwegen Susannes zu sprechen, die sie als eher schicksalhaft begreift, als »einen Krieg«, in dem Susanne »ein Werkzeug« sei.

Ich glaube, es bestand ein tiefes Bedürfnis, sich nicht eingestehen zu müssen, dass die Tat wirklich in genau der Grausamkeit zu lesen war, wie sie vor unseren Augen lag. Und das Bekennerschreiben haben Menschen aus unserem Umfeld folglich so verstanden, als habe hier nicht die Signierende, sondern eine ganz andere Person, zwar im Gewande Susannes, aber mit einem anderen Geist, gehandelt.

Julia

Amerika

Corinna Ponto

Ein großes Meer schafft Abstand. Nach der Ankunft in New York bewirkten gleich zwei Ozeane eine wundersame Distanz zum Sommer 77 – der kraftvoll tosende Atlantik und das unendliche Rauschen der Millionen Geschichten, die in den Schluchten zwischen den Häusermegalithen wohnen. In den USA hat mich das so inspirierend andere Leben geradezu abgeschirmt von dem Verlauf der weiteren RAF-Geschichte in den folgenden Wochen.

Auf einer Einladung bei Leonard Bernstein lernte ich Herbert Berghof, den Schauspiellehrer von Bernsteins Frau Felicia Montealegre, kennen. Leonard Bernstein lebte im selben Haus wie John Lennon, dem Dakota Building. Ein paar Jahre später ging ich nach dem Mord an Lennon an dieser Attentatsstelle genauso zögernd um einen imaginären Tatortrand herum wie in den letzten Tagen zu Hause. Man geht auf einer Schreckenslinie unter dem eigenen Fuß.

Der Schauspieler und Regisseur Berghof war als Emigrant aus Wien nach New York gekommen und hatte dort sein HB Studio gegründet. Schon Ende September assistierte ich ihm bei Off-off-Produktionen in seinem kleinen Schauspielstudio in der Spring Street in Greenwich Village und belegte Theaterklassen bei ihm. In diesen *acting classes* verästelten sich zahllose weitere Lebensgeschichten und -erzählungen und verbanden sich neu. Kurzum, ich war in einem Dschungel von anderen Schicksalen gelandet – das eigene nahm ich wie durch ein umgedrehtes Fernglas wahr. Ich befand mich in einem Schwebezustand mit weit geöffneten Augen. In Europa suchte man immer eine Erdung, hier suchte man eine Verbindung im schnellen, vielfältigen Lebensrhythmus.

Die Entführung von Hanns Martin Schleyer, die Selbstmorde von Baader, Raspe und Ensslin in Stammheim, die dramatischen Stunden der Entführung der Lufthansa-Maschine »Landshut« und die Befreiung der Geiseln in Mogadischu hielten diesen Geschichtenfluss schlagartig an – ein STOP im neuen Leben. Ein übergroßer Schatten legte sich auf die gerade wieder errungenen Tageskräfte und ließ erneut die körperlichen und seelischen Lähmungssymptome siegen. Zwei Wochen lang gingen wir nur für das Nötigste aus dem Haus. Die Tage verlangsamten sich, weil wir gedankenschwer und gefühlstaub nur darauf warteten, was als Nächstes passieren würde.

Was ist da eigentlich in Deutschland los?, fragten uns die Amerikaner, die gerade zum ersten Mal ein gutes Bild von Deutschland und seinem demokratischen Weg gewonnen hatten. Erstmals empfanden sie die Bundesrepublik als gefestigten Rechtsstaat, als eine Demokratie, die gerade begann, sich ihrer Vergangenheit zu stellen.

Plötzlich war sie da, eine *politische Angst,* die ich zum ersten Mal in meinem Leben verspürte. Die lebendige Stadt, der traumhaft farbig-schöne Herbst in New York waren eingehüllt, verpackt wie von Christo, in ein mächtiges, dunkles Schwarz.

Ein paar Wochen später, an einem kaltblau-klaren amerikanischen Novembertag, geschah Folgendes – wieder eine Zäsur:

Meine Mutter lebte außerhalb der Stadt in einem von freier Wiese umsäumten Cottage-Haus. Postalisch gemeldet war sie bei einem Bekannten in New York. Eines Morgens rief im Büro der Dresdner Bank in der Wall Street ein Mann mit dunkler Orgelstimme an: »Watch out the address of Mrs Ponto – we know where she lives!« Nur diese wenigen Worte fielen.

Sofort wurde unser Bekannter in seiner Wohnung am Central Park von einer Beamtin des FBI und einem deutschen Rechtsanwalt aufgesucht, um zu diskutieren, wie man die Sicherheit meiner Mutter gewährleisten könne. Sie selbst war bei diesem »Sicherheitsgespräch« nicht anwesend. Das FBI wurde zunächst beauftragt, für mehrere Monate auf die Wohnung dieses Bekannten aufzupassen.

Für ihn, der nun frühmorgens und abends an Bewachern vorbeiging, die eigentlich gar nicht wussten, wonach sie Ausschau halten sollten, bedeutete dies, sich plötzlich in einem neuen, beklemmenden Alltag und in einer fremden Geschichte zu befinden.

Für meine Mutter einen weiteren Umzug.

»Weil alle am gleichen Ereignis hängen«

Julia Albrecht

Meine Eltern haben an der Beerdigung von Jürgen Ponto nicht teilgenommen. Natürlich nicht. Nach ihrem Besuch bei Ignes Ponto in Oberursel am Tag nach der Tat, nach den Umarmungen, die es dort noch gab, nach dem Versuch, sich gegenseitig Trost zu spenden, fuhren meine Eltern wieder nach Hamburg zurück. Selbst wenn sie zur Trauerfeier eingeladen gewesen wären, wären sie nicht hingegangen. Wer hätte auch vermitteln können, dass die Eltern einer der Mittäterinnen am Grab um den Toten geweint hätten.

Nach der Tat haben Ignes Ponto und mein Vater noch für eine kurze Zeit miteinander korrespondiert. Soweit ich weiß, besteht dieser Briefwechsel aus insgesamt vier Briefen, zwei von Ignes, die mir meine Mutter gegeben hat, und zwei von meinem Vater, die ich nicht kenne.

Die beiden Briefe von Ignes sind auf gelb-beigem New Yorker Hotelpapier verfasst. Der erste Brief datiert vom 9. September 1977.

Lieber Chrischi!
Es war so gut, einen Brief von Dir zu erhalten, und er hat mir gezeigt, wie gut es auch war, dass wir uns gleich gesehen haben nach diesem unfassbaren Geschehen. Ich habe

103

in allen Dingen vom ersten Augenblick an, und tue es auch jetzt so, gehandelt, wie Jürgen es getan hätte – und wie ich fühle, dass er uns weiter leitet in allem. Diese Schüsse konnten ihn nicht töten, und wenn ich ihn auch sterbend in meinen Armen hielt: Er ist nicht tot, er lebt, er entscheidet weiter. Deutschland erlebt einen aller menschlichen Würde entbehrenden Krieg, aber es wird auch wieder herausgeführt werden aus dieser Dunkelheit. Dass Susanne ein Werkzeug in diesem Krieg ist, [ist] so grausam für Euch – Jürgens gute und jahrelange Freunde. Welch eine Tragik! Ich leide mit Euch und für alles, was noch geschehen wird. Die Verwirrung und Hilflosigkeit bricht sich Bahn. Die Zeichen dafür spüre ich seit 10 bis 15 Jahren. Nur warum »Ihr« und »wir«? Was hat Susanne Euch und den Geschwistern (der süßen Julia) angetan! Lasst von Euch hören. Ich bete für Euch!
Eure Ignes

Das zweite Schreiben vom 27. November 1977 ist dann der letzte Brief an uns. Er enthält, ebenso vorsichtig wie klar formuliert, den Wunsch, den Kontakt, zumindest für einige Zeit, zu kappen:

Lieber Chrischi!
Deinen Brief habe ich inzwischen erhalten, denn ich war in der Zeit, als Du in N.Y. warst, mit Corinna verreist. Ich möchte Dich heute auch wissen lassen, dass ich glaube, dass für die nächste Zeit jedes Treffen für uns alle von zu vielen Dingen überschattet wäre, dass es uns nicht guttun würde. Das bedeutet ja nicht, dass wir nicht viel aneinander denken und vieles miteinander fühlen. Nur ist alles so schrecklich unbegreiflich und so sehr im Fluss, und jeder von uns ist auf seine Weise so furchtbar getroffen, dass es schwer sein wird, einander zu trösten. Du wirst sicher Verständnis dafür haben. Ich kann Dir versichern, dass es uns den Umstän-

*den entsprechend gut geht und dass gute Freunde sich um
uns nach Kräften kümmern. Und so, hoffe ich, wird es auch
für Euch sein. Für Euch und Eure Kinder ist es jetzt so lebenswichtig, dass ihr gute Freunde habt, die Euch eng um-
schließen und einen Schutz für Euch bilden in dieser feindli-
chen Welt. Das diesjährige Weihnachtsfest wird für uns alle
in Kummer getränkt sein. Wir können nur vorausblicken und
Mut und Kraft für uns alle erbitten.*
Deine Ignes

Ich vermute, dass dieser Brief meinen Vater, meine Eltern
schwer getroffen hat. Wie sich aus dem oben schon zitierten,
nicht abgeschickten Entwurf eines Antwortbriefs ergibt, hat
mein Vater vor allem damit gerungen, wieso es nicht möglich sein sollte, gemeinsam zu trauern, »einander zu trösten«. Er scheint mir wie ein Ringen mit der Erkenntnis, dass
es kein »Wir« mehr zwischen den Familien würde geben
können, weil Pontos zu »Opfern« und unsere Eltern zu den
Eltern einer der »Täterinnen« geworden waren.

Liebe Ignes,
*wir wissen wenig von Euch und denken viel an Euch. Es
kann sein, dass Du von uns nichts hören willst. Wenn das so
ist, ist es einfach für Dich, den Brief wegzuwerfen. Ich könnte
es verstehen. Natürlich verbindest Du uns – in Gedanken –
mit Susanne und Jürgens Tod. Es hat auch wenig Sinn, darüber zu rechten. Aber es gibt doch auch die Möglichkeit, sich
vorzustellen, dass wir Lebenden alle von einem Ereignis gemeinsam schicksalhaft zutiefst getroffen sind, dass Ihr und
wir leiden und traurig sind und ängstlich und lernen müssen,
damit fertig zu werden.*
*Wir wissen nichts von Susanne. Wir haben nur Angst bei je-
der Nachrichtensendung oder manchmal auch nur, weil das
Telefon klingelt und wenn Julia mal frech ist oder depres-*

siv. Wir haben erlebt, wie gänzlich unvorhersehbar und wie gänzlich unbeeinflussbar Menschen sich [verhalten] *können. Wie sie unter Zwänge oder unter Einfluss geraten können, die wir nicht kennen, ja manchmal nicht einmal ahnen. Uns fehlt ganz viel an Boden unter den Füßen. Und doch mag es in Deinen Augen sein, dass Du weniger diese Betroffenheit siehst, wenn Du von uns hörst, dass Du weniger die Parallelen zu Deiner Trauer siehst, dass Du viel mehr denken musst an aktiv und passiv, an uns als Albrechts, die euch als Pontos etwas angetan haben, die Jürgen etwas angetan haben. (…) Vielleicht kannst Du verstehen, dass wir mit Dir traurig sind und meinen, sei es auch nur von ferne, mit Dir auch um Jürgen trauern zu dürfen. Ich habe Jürgen geliebt, bewundert (…) Er fehlt mir sehr. Und Du, liebe Ignes, Stefan und Corinna. Wir denken, glaube ich, täglich an Euch. An die, mit denen wir so verbunden sind nicht nur durch Susanne, sondern so lange schon vorher, und nicht nur, weil alle am gleichen Ereignis hängen. Vor allem weil wir mit Euch fühlen und das Euch gerne sagen möchten.*

Damit endet der Briefentwurf. Und, soweit ich weiß, gab es danach keinen direkten Kontakt mehr zwischen den Familien. Bis zum Jahr 2007, als Corinna und ich den Faden wieder aufnahmen.

Das Blau des Meeres
und das Rot der Fahnen

Corinna Ponto

Ende Oktober erreichte uns über den Atlantik die unglaubliche Nachricht einer uns sehr vertrauten Frankfurter Bekannten, welche meinte, Anfang August 1977 zufällig rund zehn Tage mit zahlreichen RAF-Mitgliedern auf der winzigen griechischen Insel Telendos verbracht zu haben. Sie erzählte von Abenden am Strand mit Gitarre und Donovan-Liedern, Ausgelassenheit und Nacktbaden und allabendlichen politischen Diskussionen in der kleinen Taverne. Mithilfe des Gastwirtes schlich sie sich auf die Pensionszimmer der Gruppe. Dort lagen Guerilla-Handbücher auf den Nachttischen.

Unsere Bekannte ging ihrem Verdacht nur sehr zögerlich nach, meldete ihre Beobachtungen dann aber doch dem *Spiegel*-Korrespondenten in Athen. Daraufhin wurde sie bei ihrer Rückkehr zwei Monate später in Frankfurt vom BKA, das wohl die Passagierlisten geprüft hatte, direkt vom Flughafen abgeholt und befragt. Die Beamten deuteten an, dass Griechenland einen sehr weitgehenden Asylschutz besitze und deutsche Fahnder dem Verdacht deshalb nicht sofort hätten nachgehen können. Unsere Bekannte wurde noch ein zweites Mal vom BKA zu dem Sachverhalt befragt, doch laut Angaben der Bundesanwaltschaft finden sich ihre Aussagen nicht in den Sachakten.

Diese Geschichte hat mich immer wieder beschäftigt. Terroristen am Strand unter südlicher Sonne, musizierend und badend, gleichzeitig die Entführung von Hanns Martin Schleyer und der »Landshut«-Maschine planend? Ein Bild, das mich nie wieder losließ.

Seither kreisten meine Fantasien ständig wiederkehrend um Alltagssituationen der Terroristen. Statt Rachefantasien pflegte ich terroristische Alltagsfantasien. Die Taten nahmen für mich oft einen viel kleineren Raum ein. Es war der lässige Akkord aus Sonne, Meer, Feiern, Musik und parallelen RAF-Gewaltaktionen, der mich beschäftigte. Überhaupt imaginierte ich seitdem jede RAF-Tat als eine doppeldeutige Choreografie – abwechselnd diese coole Lässigkeit und dann wieder diese erbarmungslose Brutalität.

Zudem hatte das Blau des Meeres für mich seitdem das Rot der Fahnen als Terroraktionsfarbe überlagert. Dazu addiert habe ich fortan – anderen Orten entlehnt, von denen es coole Fotos und spannende RAF-Abenteuergeschichten gibt – das Blau der Grachten von Amsterdam, das Blau der Seine in Paris, das Blau all der anderen aufgesuchten Strände einschließlich der Blautöne von Sylt, der Insel, auf der einst Ulrike Meinhof gefeiert wurde und auf der so vieles begann.

Auch wenn die Geschichte von der Insel Telendos nicht stimmen sollte – wie viele solcher den wahren Geschichtskosmos ausmachenden Geschichten kennen wir nicht? Sie sind nicht beschrieben worden, haben keinen Eingang in die kollektiven Vorstellungen gefunden. Diese versteckten Geschichten sind im Grunde inzwischen das Spannendste an der gesamten RAF-Zeit. Wie waren überhaupt die vielen Reisen und Grenzübergänge möglich? Das erforderte viele unbekannte »Mitarbeiter« und jede Menge gut gefälschter Papiere.

Im September 1977 teilte BKA-Präsident Horst Herold dem

Innenausschuss des Bundestages mit, dass offenbar viel mehr Helfer als zunächst angenommen an der Tat beteiligt gewesen waren. Der Täterkreis wurde nun auf bis zu vierzig Personen geschätzt. Warum tauchte diese Gruppe in der öffentlichen Darstellung später nicht mehr auf? Das ist kein kleiner Kreis.

Auf der Suche nach diesen Helfern wären viele Stücke Wahrheit zu finden gewesen. Wahrscheinlich sogar die entscheidenden. Aber diese Boten und Helfer kommen in der gesamten RAF-Darstellung nicht wirklich vor. Pflege des individuellen Tätermythos ist bis zum heutigen Tag angesagt. Das Spinnennetz drum herum interessierte nicht.

Ich stellte mir grundsätzlich immer doppelt und dreifach so viele RAF-Mitglieder vor wie auf den Fahndungsplakaten präsentiert. Meine inneren Suchplakate waren allerdings nur Schattenrisse, dennoch weitaus größer als das genormte Fahndungsplakat, das ich hauptsächlich um Kuriere, Kuriere, Kuriere ergänzte. Für mich nannte ich dieses Abbild die *Landschaft der Botengänger*.

Manche Zeichenlinie auf dem selbst gestalteten Suchplakat bildete auch nur einen Ort oder eine Landschaft ab. Flirrende Hitze auf europäischen Autobahnen, das Seine-Ufer in Paris, griechische, französische, bulgarische Strände, staubige Abflughallen in Osteuropa, Ausbildungs- und Versteckhöhlen in der DDR oder Wüstenoasen in Ländern wie Libyen und Jemen, wo die Terroristen aufgenommen und ausgebildet wurden. Meine Szenenbilder waren ziemlich romantisch, provozierend idyllisch und abenteuerlich oder sie trugen die Exotik Osteuropas in sich. Eine Frankfurter Kommunewohnung mit herumliegenden Flugtickets, gefälschten Pässen und ein paar alten, noch nicht entsorgten Drogenspritzen auf unaufgeräumten Tischen – dieses Bild erschien mir am wenigsten, obgleich es natürlich auch auf das Schattenplakat gehörte.

Das alles ergab dann, wenn man diese mit Suchfähnchen quer durch West-, Süd-, Nord- und Osteuropa markierten Orte miteinander verband, eine unendlich verschlungene Linie, die mir aber, obgleich sie so wirr und bewegungsvoll war, immer als eine Gerade vorkam.

Liebe Corinna,

ich glaube nicht, dass an der Geschichte Deiner Bekannten etwas dran ist. So kurz nach der Tat und angesichts des damit zusammenhängenden Fahndungsaufgebots halte ich es für unwahrscheinlich, dass so viele Mitglieder der »Gruppe« das Risiko auf sich nahmen, Deutschland auf dem Luftweg, also nicht über eine grüne Grenze, erst zu verlassen und dann wieder zurückzukehren. Zumal zu dieser Zeit die Vorbereitungen für die Entführung von Hanns Martin Schleyer auf Hochtouren liefen. Die in Stammheim inhaftierten RAF-Mitglieder machten großen Druck. Sie wollten freigepresst werden. Die Ereignisse, die dann folgten, machen deutlich, wie enorm die Anspannung war: die Entführung des Arbeitgeberpräsidenten, die Entführung der Lufthansa-Maschine »Landshut« und der Freitod von Andreas Baader, Gudrun Ensslin und Jan-Carl Raspe.

Nach dem Mord an Deinem Vater herrschte trotz Pannen, trotz Ungenauigkeiten ein solcher Fahndungsdruck, dass es mir schwerfällt, mir vorzustellen, dass ein Großteil der Gruppe in die Sonne flog.

Ich weiß, zwar nicht aus eigener Anschauung, aber aus vielen Berichten, wie viele Falschmeldungen es damals gab und wie oft Susanne in den folgenden Jahren, während sie längst in der DDR lebte, angeblich in Florida oder im Jemen, im Nahen oder im Fernen Osten gesichtet worden war. Mal stand das als Kleinstmeldung in einer Zeitung, mal mit Foto in einem farbenfrohen Blatt.

Herzliche Grüße,

Julia

Friedhofsruhe

Corinna Ponto

Aus privaten Gründen blieb ich nicht lange in den USA. Ich studierte noch ein Sommersemester Gesang am New Yorker Mannes College of Music und kehrte schon 1979 in die mitunter fremde deutsche Wirklichkeit zurück. Alles, was mit der RAF zu tun hatte, ließ ich nach der Rückkehr zunächst »links« liegen. Ich kenne das auch von anderen Angehörigen der Opfer – man will definitiv nichts mit diesem klebrigen, undurchsichtigen Phänomen zu tun haben. Es war auch, da man in der Auseinandersetzung mit dem »RAF-Komplex« vollständig allein gelassen wurde, reiner Selbstschutz, sich in einen selbst gesponnenen Kokon zurückzuziehen.

Dennoch ließ es sich nicht vermeiden, in den folgenden Jahren und Jahrzehnten wie durch eine Nebelwand Strömungen der öffentlichen Auseinandersetzung mit dem deutschen Terror wahrzunehmen. Preisgekrönte Filme, TV-Talks der Täter, eine *Rede über das eigene Land,* verfasst von dem Chauffeur des Mordkommandos gegen meinen Vater, Peter-Jürgen Boock, gelesen vom Intendanten persönlich auf einer angesehenen deutschen Bühne, den Münchner Kammerspielen. Der damals im Gefängnis einsitzende Boock trieb viel Aufwand in seiner Rede, um über die Gründe für seinen Terrorweg zu reflektieren. Doch 1989 hatte der »Karl May der RAF«, wie man ihn im BKA nannte, seine Tatbeteiligungen sowohl bei dem Mord vom 30. Juli als auch bei der Schleyer-Entführung nicht in vollem Umfang zugegeben, weshalb ihm zwei Jahre später ein weiterer Prozess gemacht werden musste.

In seinem Text spricht er von einer *Friedhofsruhe* in den Siebzigerjahren, die als ein Motiv für den Weg in die Gewalt herhalten sollte.

Friedhofsruhe bezeichnet für mich inzwischen präzise die Aufarbeitungsunfähigkeit der kulturell mächtigen Generation der sogenannten *bleiernen Zeit,* in der vor allem die Kugeln aus Blei waren. Von Täterfixierung, Täterempathie waren diese Jahre geprägt. Der Unwille, mich auf diese Phänomene zu konzentrieren, sie zu analysieren, verstärkte mein Gefühl der Sprachlosigkeit.

Meine Mutter und mein Bruder waren froh, in Amerika zu leben. Weit weg von der Konfrontation mit den Tätern. Ich meinte sogar, Schuldgefühle ihnen gegenüber zu verspüren, weil ich mich dem überhaupt aussetzte. Sie wiederum zeigten mir gegenüber fast einen Amerikastolz – ich verstand sie gut. Auswandern kann eine Erlösung sein. Meine Mutter gewann neue Freundeskreise und engagierte sich für künstlerische Jugendförderung, mein Bruder gründete eine Familie, was beiden zu neuen Blickwinkeln und auch Identitäten verhalf. Ich verlagerte Verletzungen, die vielleicht zu nah hätten kommen können, in eine undeutliche Ferne.

Heute diskutieren wir in der Familie manchmal über den Unterschied der Länder im Umgang mit ihren Terroropfern. In Amerika ist der Widerstand gegen den Terror von kollektivem emotionalem Erinnern und Empfinden getragen – in Deutschland bleibt die Auseinandersetzung mit dem eigenen Terrorismus eigenartig »rational« und indifferent. Emotionale Reaktionen habe ich nur bei den Diskussionen um die Begnadigung von Exterroristen erlebt.

Die Amerikaner zeigen sich solidarisch. Ihre Gedenkkultur

beweist Charakter. In den USA wird die Wunde gezeigt, und in freier Rede äußern sich, bis hin zu den Jüngsten, das imponiert mir immer am meisten, die Hinterbliebenen des 11. September 2001 am Ground Zero. Sie stehen dort mit gestärktem Rücken – das ganze Land hinter sich.

Meiner Mutter blieb es aufgrund ihrer Übersiedlung in die USA erspart, vor deutschen Gerichten aussagen zu müssen. Stattdessen reiste eine Gerichtsdelegation zur Vernehmung im Deutschen Konsulat in New York an. Sie hatte ihre Augen während dieser Anhörung oft nach unten gerichtet – dort blieb ihr Blick an den ausgelatschten Sandalen der Verteidiger hängen. Allerdings musste sie auch zu einer Gegenüberstellung mit einem Verdächtigen im Gefängnis im holländischen Utrecht erscheinen.

Ich hingegen wurde vor drei deutsche Gerichte geladen – die Oberlandesgerichte in Frankfurt/Main und Düsseldorf und zweimal zu Verhandlungen nach Stammheim. Dort hatte ich jeweils eine belustigte, auftrumpfende Schar von RAF-Sympathisanten im Rücken. In Stammheim standen das eine Mal Peter-Jürgen Boock, das andere Mal Brigitte Mohnhaupt und Christian Klar unter Anklage. Es war mir kaum möglich zu sprechen, und ich wagte es nicht, zur Anklagebank hinüberzuschauen. Ich fühlte mich gefangen in einem Strudel der Eindrücke. Die Drehzahl des Strudels erhöhte sich noch, als mich der irritierende Mikrofonschall meiner eigenen Stimme zusätzlich umschwirrte. Ich war vor dem Gesetz verpflichtet, diese beschämende Situation auszuhalten. In Stammheim sprach ich, wie mir später ein Beobachter der Verhandlung berichtete, statt vom 31. Mai, an dem S. bei uns zu Besuch gewesen war, ununterbrochen vom 32. Mai. Es gab keine richterliche Nachfrage.

Eine innere Scham verdeckt meine Erinnerung an diese Gerichtstermine vollkommen. Mir scheint, eine solche Scham ist der Autoaggression verwandt: Man macht sich die Scham, die man von den anderen erwartet, zu eigen. Ich erinnere mich an nichts mehr von diesen vier Lebensmomenten. Sie sind verdeckt von einem kompletten Blackout. Nur der Hohn der Zuschauer sitzt mir noch auf der Schulter.

Wer führte Regie?

Corinna Ponto

Bei den Nachrichten von den Attentaten auf den Siemens-Vorstand Karl Heinz Beckurts, den Ministerialdirektor im Auswärtigen Amt Gerold von Braunmühl (1986) und den Vorstandssprecher der Deutschen Bank Alfred Herrhausen (1989) wurde der immer wieder auftauchende Gedankenblitz, dass die Spur der Morde zur DDR, zur Stasi führen könnte, für unsere Familie zur inneren Gewissheit. Meine Mutter, mein Bruder und ich haben sehr früh vermutet, dass es sich bei der These von den Einzeltätern bzw. kleinen Gruppen von Tätern um einen Mythos handelte. Seit den von der »dritten Generation« der RAF verübten Morden wurde für meine Familie die Stasi-Spur, die zuvor ein immer präsentes intuitives Gefühl war, zur Erklärung für die vielen offenkundigen Ungeklärtheiten.

Die Ost-Reiserouten der Täter, die zahllosen Aufenthalte der Terroristen in den Satellitenstaaten der Sowjetunion waren ja schon bekannt geworden. Dass einige von ihnen sogar in der DDR Unterschlupf gefunden und eine neue Identität angenommen hatten, wussten wir zu diesem Zeitpunkt noch nicht. Doch die spurenlose Perfektion der in den späten Achtzigerjahren verübten Verbrechen bestärkte uns in unserem Verdacht, dass die Terroristen von östlichen Geheimdiensten gelenkt wurden.

Ein junger Historiker meinte kürzlich, die Aufarbeitung dieser Zeit stecke noch in den Kinderschuhen – tröstlich, dass diese Stimmen jetzt zu hören sind. Erste Rechercheergebnisse in dieser Sache haben Michael Buback, Regine Igel, Udo Schulze und Wolfgang Kraushaar vorgelegt.

Michael Buback legt in seinem Buch »Der zweite Tod meines Vaters« die Ungereimtheiten bei der Aufklärung des Mordes vom 7. April 1977 offen. Udo Schulze enthüllt in dem Buch »RAF: Becker, Buback und Geheimdienste«, dass sie 1977 bei ihrer Festnahme 200 Ostmark bei sich hatte – eine Währung, für die sie in der Bundesrepublik keine Verwendung hatte. Wolfgang Kraushaar, der das Buch »Verena Becker und der Verfassungsschutz« veröffentlicht hat, wies kürzlich auch auf neu aufgefundene Dokumente hin, wonach die Stasi RAF-Terroristen für Tötungen und Anschläge in der Bundesrepublik benutzt habe.

Regine Igel hat auf der Website *Telepolis* eine Reihe von aufschlussreichen Artikeln publiziert. Sie stützt sich auf die Akten der italienischen Untersuchungskommissionen zur Aufklärung der Hintergründe des Terrorismus der Brigate Rosse. Nicht nur, dass daraus eine enge Zusammenarbeit der »Roten Brigaden« und der RAF hervorgeht – deutlich wird auch, dass militante Linksradikale jahrzehntelang von Geheimdiensten vor allem in Ost-, aber auch in Westeuropa ausgebildet, ausgerüstet, unterstützt und »kontrolliert« wurden. Es erscheint sogar denkbar, dass die Dienste *beider* Seiten dabei mitunter gemeinsame Sache gemacht haben.

Eine neue Forschergeneration wird die Rolle der Geheimdienste hoffentlich weiter aufklären.

In einem Bericht des *Spiegel* über den Welt-Blockbuster *Der Baader Meinhof Komplex* von Stefan Aust und Bernd Eichinger hieß es: »Die Opfer sind nicht so interessant, weil sie aus normalem Leben herausgerissen wurden.« Genau das Gegenteil ist der Fall: Die Opfer sind sehr interessant, denn nur sie führen auf die richtige Spur. Sie sind damals nicht per Zufallsgenerator ausgewählt worden, dahinter stand vielmehr ein gut informiertes, koordiniertes System. Man wusste genau, was man tat.

»Die Opfer sind willkürlich«, hat kürzlich ganz ähnlich der Regisseur Christian Petzold (»Die innere Sicherheit«) gesagt. »Die Täter haben eine Erzählung. Und das Kino kann sich nicht um Willkür kümmern, sondern nur um die Erzählung.« Würde man dies auch über die Opfer des Dritten Reichs, die Flüchtlinge des Zweiten Weltkriegs oder die Opfer der Anschläge vom 11. September sagen?

Gerade die Opfer der RAF sind aber nicht willkürlich »ausgesucht« worden. Es gab verschiedene »Anforderungsprofile« für die Opfer. Eines davon: Sie waren liberale, aufgeschlossene, der westlichen Freiheitsordnung und den westlichen Verbündeten zugetane Persönlichkeiten, sie hatten viele Arbeitskontakte in den Osten und bemühten sich um eine Verbesserung der Beziehungen zu den Ländern des Warschauer Pakts – was für diese aber auch die Gefahr der »Aufweichung« mit sich brachte. Inzwischen weiß man, dass gerade die Stasi diese »Aufweichspezialisten« sehr misstrauisch beäugte und, auch Moskau gegenüber, vor ihnen warnte.

Mein Vater war seit 1970 Mitglied der Atlantik-Brücke, einem Verein zur Förderung der deutsch-amerikanischen Freundschaft. Diesem Verein gehörten neben Helmut Schmidt und vielen anderen Politikern auch Persönlichkeiten aus Wirtschaft und Medien an. Unter ihnen findet sich der 1986 von der RAF ermordete Atomphysiker und Siemens-Manager Karl Heinz Beckurts. Alfred Herrhausen wiederum, der Vorstandssprecher der Deutschen Bank, hätte ein paar Tage nach seiner Ermordung eine Rede vor dem Forum der Atlantik-Brücke halten sollen.

Schon 1977 hatte meine Mutter das Gefühl, dass die ermittelnden Behörden möglicherweise unterwandert seien. Ein ungeheuerlicher Verdacht – aber sie spürte intuitiv, dass die

»Pannen«, die es in den Tagen nach dem 30. Juli gab, vielleicht nicht nur Pannen waren.

Ich wünschte mir eine Dokumentation, in der sämtliche RAF-Aufklärungspannen aufgelistet wären – das wäre ein aufschlussreicher Bericht. Jeder RAF-Fall hat seine eigene Pannengeschichte. Wenn meine Mutter nicht überlebt hätte, wäre wahrscheinlich kein einziger Tathergang komplett aufgeklärt. Doch auch die Aufklärung der Tat vom 30. Juli begann schon mit der Panne, von der auch der Sprecher der Bundesregierung einräumte, dass sie »niemand bestreitet«, dass nämlich das BKA von dem Mord an meinem Vater erst durch die Heute-Nachrichten des ZDF um 19 Uhr erfuhr. Die allererste Panne war dabei, dass es, obgleich der Name von S. nach einer Minute feststand, über zwei Stunden lang keine Kooperation zwischen Landeskriminalamt und BKA gegeben hatte. Deshalb dauerte es auch Stunden, bis die Tat als terroristischer Akt eingestuft wurde. Bundeskanzler Helmut Schmidt wollte zu den Abendnachrichten sprechen, unterließ es aber dann, weil der Hintergrund den Ermittlern zu offen schien – sie hatten die Informationen, die es seit 1973 über S. im BKA-Computer gab und die die Ermittler gleich auf die richtige Spur hätten führen können, nicht herangezogen. Man war sich nicht sicher, ob es sich nicht doch um ein »unpolitisches« Verbrechen handelte.

Meine Mutter war die Erste, die – schon ein paar Tage nach dem 30. Juli – in Richtung Osten deutete. Wie aber dies äußern? Nur im engsten Familienkreis wurde darüber gesprochen – mit einer Ausnahme. 1978 sagte sie einem vertrauten Kollegen meines Vaters: »Das kommt doch alles aus dem Osten!« Er antwortete: »Dafür fehlt mir die Fantasie.«

So weit reicht die Fantasie nicht war seitdem eine stehende Redewendung in unserer Familie. Erst im Juli 2007 sagte ich in einem Zeitungsinterview mit der Überschrift *Für die Aufklärung mangelt es an Fantasie:* »Es wächst mein Zweifel, dass wir die komplette Wahrheit über die Geschehnisse und ihre Zusammenhänge erfahren werden, besonders auch über die sogenannte dritte Generation der RAF. Aber einzelne Puzzleteile werden noch auftauchen, auch was die Rolle der Stasi ... betrifft« und bemerkte dazu: »Ein bisschen mehr Offenheit für das John-le-Carré-Milieu hätte den polizeilichen wie den journalistischen Ermittlungen gutgetan.«

Daraufhin erwiderte ein langjähriger Ermittler der Bundesanwaltschaft in der Zeitschrift *Cicero* selbstsicher: »Wir sind Mitglieder einer Behörde. Da finden Sie ausgesprochen viel Papier und ausgesprochen wenig Hollywood-Action.« Wie kommt es dann aber, dass das BKA in einer Stasi-Akte als Quelle einer vertraulichen Information zu einem beendeten RAF-Hungerstreik genannt wird (BStU, HA XXII 37/B221) und sich an anderer Stelle (BStU, HA XXII 39) mit Datum vom 23. Mai 1981 der Hinweis findet: »Aus der Leitungsebene des Bundesamtes für Verfassungsschutz (BfV) Köln gelangte zur Kenntnis ...«? Wer hat da Informationen weitergegeben?

Inzwischen wissen wir, auf welch gespenstische Weise Berlin in den Sechziger- und Siebzigerjahren von Spitzeln und »inoffiziellen Mitarbeitern« durchsetzt war. Warum sollten die Maulwürfe an der Stadtgrenze Berlins haltgemacht haben? Verbindungsleute, Kuriere und Finanzverwalter mussten in vielen europäischen, arabischen und südamerikanischen Ländern tätig gewesen sein, damit die internationale Terrorkommunikation garantiert war. Das Schattendasein, das ihnen ihr Wirken damals ermöglichte, ist ihnen auch heute noch, komplett von Schweigemauern geschützt, vergönnt.

Die Handvoll Banküberfälle der Terrorbande, über die damals viel berichtet wurde, konnte wohl kaum die gesamte RAF-Logistik – Wohnungen, Flüge, Reisen, Waffen, Autos und Falschpässe – finanzieren; vielleicht waren sie willkommene Inszenierungen, um von der wirklichen Logistik abzulenken? An dem bis heute vermittelten Bild – da war eine kleine, mitunter coole, ursprünglich auch ernst zu nehmende Gruppe, deren Urmotivation sogar noch verständlich war, die dann aber zu weit gegangen ist – muss gerüttelt werden. Es war viel, viel mehr. Waren sie Hauptdarsteller oder Statisten? Sie werden wohl beide Rollen ausgefüllt, mehrere Parts übernommen haben – ob sie selbst immer wussten, in welcher Rolle sie gerade steckten, bezweifele ich. Sie glaubten, sie schrieben das Drehbuch selbst, doch dahinter führten andere Regie.

»Hast du schon Nachrichten gehört?«

Julia Albrecht

13 Jahre, fast auf den Tag genau 13 Jahre war meine Schwester verschwunden. Vom Erdboden verschluckt, abgelegt im Gehirn, weggeflogen ins All. Aber es ist wirklich so: Egal, wie lange jemand weg ist, man wartet. Man wartet eine Stunde oder einen Tag, ein Jahr oder eben auch 13 Jahre lang. Ich habe nicht jeden Tag gewartet. Manchmal habe ich es vergessen. Je länger es dauerte, desto öfter gab es Tage, an denen ich vergaß, was fehlte. Wer fehlte. Dennoch war die Abwesenheit, die Abwesende, immer bei mir. Ich habe sie nicht fallen gelassen oder aufgegeben.

Keiner in unserer Familie hat je daran gedacht, sie für tot erklären zu lassen. Im Gegenteil. Meine Eltern haben sie in den Jahren ihrer Abwesenheit in ihren Testamenten bedacht. Auch waren sie nie bereit anzunehmen, dass sie so verwerflich gehandelt hatte, wie die bekannten Fakten es nahelegten. Die meisten in unserer Familie hielten es mit einer der zentralen Vorschriften der Strafprozessordnung und ließen für sie die Unschuldsvermutung gelten.

Meine Eltern haben den unendlichen Verlust wahrscheinlich viel schärfer empfunden als ich. Doch sie haben weitergemacht, das war eine Devise meines Vaters: *weitermachen.* Meine Mutter, die sich schon immer für die Geschichte und

Religionen des Nahen Ostens interessiert hat, hat später unter anderem am Hamburger »Institut für die Geschichte der deutschen Juden« mitgearbeitet und eine Ausstellung über prominente Hamburger jüdische Frauen mitkonzipiert.

Mein Vater hat Fusionen seiner Kanzlei mitgeplant und umgesetzt. Aber er hat dabei seinen Namen preisgegeben. Aus einer Kanzlei, die den Namen Albrecht mit im Titel führte und nicht zuletzt auch wegen dieses Namens prominent war, vor allem für das Seerecht, verlor sich dieser Name bei einem der ersten großen Zusammenschlüsse. Erst als alter Mann hat er sich aus der Arbeit und damit auch der Sozietät zurückgezogen.

Ebenso wenig wie wir auf das Desaster von 1977 vorbereitet gewesen waren, waren wir auf ihr Wiederauftauchen im Juni 1990 vorbereitet.

Ich lebte bereits seit Jahren in der Potsdamer Straße in Berlin. An diesem Tag wollte ich nach Hamburg fahren. Es war – wieder einmal – ein heller Sommertag. Ich kam nach Hause und hörte meinen Anrufbeantworter ab. Auf dem Anrufbeantworter war – wieder einmal – meine Freundin Elisabeth. Sie sagte: »Hallo, Jule, wie geht's, hast du schon Nachrichten gehört?« Mehr sagte sie nicht.

Und ich war wie angestochen, wusste nicht, was tun. Ich schrie innerlich. Ich wusste, was passiert war, konnte es aber nicht überprüfen, weil ich kein Radio hatte. Ich wusste: Susanne war wieder in der Welt. So oder so. Tot oder lebendig. Ich war fassungslos vor Freude darüber. Und ohnmächtig vor Unsicherheit, ob ich mich nicht täuschte.

Ich rief meine Freundin Ulrike an. Ich sagte oder besser schrie: »Ulrike, stell das Radio an, ich muss Nachrichten hören!« Und Ulrike, angesteckt durch die Aufregung in meiner Stimme, schaffte es kaum, das Radio einzuschalten, geschweige denn eine Nachrichtensendung zu finden. Dann hörten wir: Susanne Albrecht war in Ostberlin festgenommen worden.

Ich jubilierte: Susanne, meine geliebte Susanne, war wieder da!

Es war noch Nachmittag, als die Nachricht mich erreichte. Ich musste nicht lange überlegen. Ich verließ das Haus und ging einfach die Straße hinauf nach Norden, Richtung Potsdamer Platz, zu der Anwaltskanzlei, bei der ich wenige Monate zuvor ein Praktikum gemacht hatte. Ich wollte sie beauftragen, sich um meine Schwester zu kümmern, die, irgendwo in Ostberlin, im Gefängnis saß. Ich wollte nicht, dass sie würde warten müssen.

Ich erinnere mich nicht genau, wie es weiterging. Wen sah ich noch an diesem Tag? Auf jeden Fall waren Ulrike und Lindy gleich da. Das Glück jedenfalls war wieder zu mir gekommen.

Ich erinnere mich an den nächsten Morgen. Ich stand in aller Frühe auf und ging hinunter auf die Straße. Am Kiosk kaufte ich mir alle vorhandenen Tageszeitungen. Von *Bild* und *BZ* bis zur *Frankfurter Allgemeinen* und *Süddeutschen*. Ich hatte einen dicken Stapel im Arm, setzte mich in meinen schmutzig braunen Honda und fuhr nach Ostberlin. Wieso Ostberlin? Weil Susanne dort gelebt hatte und festgenommen worden war. Weil sie dort jetzt im Gefängnis saß. Weil wir jetzt wirklich Nachbarinnen waren.

Ich fuhr zum Hotel Berlin, Ecke Unter den Linden und Friedrichstraße, das es heute nicht mehr gibt. Ich setzte mich in den Frühstücksraum. Ein riesiger Raum im DDR-Stil. Ich bestellte einen Kaffee und ein Wasser. Und schlug die Zeitungen auf und das Wasserglas um. Ein ums andere Mal verschüttete ich Kaffee und Wasser. Die Zeitungen in meiner Hand entfalteten eine Eigendynamik und nahmen keine Rücksicht auf meine Getränke. Schmutzige Flecken bildeten sich auf der beigefarbenen Tischdecke. Der Kellner trug es mit Fassung und brachte mir neuen Kaffee, neues Wasser.

Ich durchblätterte und durchforstete die Zeitungen. Ich las mich satt. Ich war glücklich. Dass ich hier sitzen und lesen konnte, dass ich die Zeitungen hatte kaufen können, machte alles, was mich früher vor jedem Zeitungskiosk hatte erschrecken und verstummen lassen, wieder gut. Ich war 26 Jahre alt, so alt, wie Susanne gewesen war, als sie bei der Ermordung von Jürgen Ponto die Türöffnerin gegeben hatte, und ich war nur froh. Schockiert zwar, aber froh.

Muss ich das erklären? Die Tat, das Grauen über den Mord waren in dem Moment ihres Wiederauftauchens erst einmal in den Hintergrund getreten.

Susanne hatte in meiner unmittelbaren Nähe gelebt. In Marzahn-Ahrensfelde, am nordöstlichen Ende der geteilten Stadt. Sie hieß nun Ingrid B., geborene Jäger. Sie war verheiratet und hatte einen Sohn. Sie hatte in der Rosenbecker Str. 3 gewohnt. Die Vorstellung, die ich all die Jahre gehabt hatte, dass wir uns hätten begegnen können, war gar nicht so weit hergeholt. Ich war regelmäßig mit Freunden in Ostberlin gewesen. Wir hatten in der Markthalle am Alex und in dem Buchladen in der Oranienburger Straße eingekauft. Wir waren im grauen Prenzlauer Berg herumgelaufen, hatten die Sophien-, Marien- und Zionskirche bestaunt und waren fassungslos über das verwaiste Unter den Linden. Hier hatte Susanne gelebt, und ich hätte sie finden können.

Susanne war im Gefängnis, ganz in der Nähe, und ich wollte sie besuchen. Mein Vater kümmerte sich um die Besuchserlaubnis für uns. Und ich erhielt selbst jede Menge Besuch. Das Schweigen der Kindheitsjahre war aufgehoben. Keiner meiner Freunde und Freundinnen fand es schwierig, mit mir zu sprechen, zu fragen, wie es mir ging, die Aufregung dieser Tage mit mir zu teilen. Aus den Zeitungen wussten wir, wo sie im Gefängnis saß, wo sie gewohnt und unter welchem Namen sie gelebt hatte. Lindy, Johannes, Martin und ich fuhren nach Ahrensfelde und schauten erstaunt die endlosen Fassaden der Plattenbauten entlang. Wir hielten vor ihrem Haus in der Rosenbecker Straße und schauten zu ihrer Wohnung empor. Trister konnte aus unserer Sicht eine Wohnsituation nicht sein.

Meine Schwester war also ein Ossi. Das war kurios für uns. Ich hatte sie vielleicht in libanesischen oder palästinensischen Lagern vermutet. Ich hatte mir ihr Leben unnachvollziehbar fremd vorgestellt – versteckt und verkleidet, Arabisch sprechend vielleicht. Dass sie nebenan gelebt hatte, ein deutschsprachiges Leben geführt hatte, das war irgendwie zum Lachen. Mit einem Freund zusammen hatte ich einmal – zwar nicht wirklich ernsthaft, aber in der Fantasie doch voll durchgespielt – eine Reise in den Nahen Osten geplant. Wir hatten uns vorgestellt, dass wir eine reale Chance haben könnten, meine Schwester in einem der Ausbildungscamps, wo wir nach einer europäischen Frau fragen würden, wiederzufinden.

Dass sie untergekommen war in der anderen Hälfte Deutschlands, der realsozialistischen, ergab irgendwie Sinn, nur wären wir nie darauf gekommen. Anders als die der Familie Ponto hatten unsere Finger nie in diese Richtung gezeigt, hatte unsere Intuition da nichts hervorgebracht.

Wir fuhren zurück nach Berlin-Mitte und zum Polizeipräsidium in der Keibelstraße, wo sie inhaftiert war, und versuchten uns vorzustellen, wie es da drinnen aussah. Ganz in der Nähe, auf der Karl-Liebknecht-Straße, entdeckten wir ein riesiges Graffito mit der Aufschrift »Freiheit für Susanne«. Ich amüsierte mich und fotografierte. Ich erinnere mich, dass wir in meiner karg eingerichteten Wohnung viel an einem winzigen hochbeinigen Holztischchen saßen und über Susanne und über das sprachen, was bisher geschehen war.

Das Glück dieser Tage ist für Außenstehende bestimmt

schwer nachzuvollziehen. Ich wusste nicht, was sie neben der Beteiligung an dem Attentat an Jürgen Ponto eventuell noch getan hatte, welche Geschichte sie uns erzählen würde, wie sie gelebt hatte und was auf mich – möglicherweise auch an herben Enttäuschungen – zukommen würde. Ich war nur euphorisiert davon, dass die Verschwundene wieder da war.

Mein Vater besuchte sie wenige Tage nach ihrer Festnahme. Bald erhielten auch meine Mutter und ich eine Besuchserlaubnis, nicht für Susanne Albrecht, sondern für Ingrid B. An der gewaltigen Tür des Untersuchungsgefängnisses in der Keibelstraße wurden wir von einer dicken Frau mit einem riesigen Schlüsselbund empfangen. Wie das Innere eines riesigen Ozeandampfers wirkte der dahinterliegende Raum auf mich. Groß, metallen, düster. Treppen führten irgendwohin. Man sah – oder ahnte man es nur – Zellentür an Zellentür. Zunächst ging es eine eiserne Treppe hinauf, Schlüsselklappern, Eisentür auf, wir hindurch, Eisentür zu. Danach ging es nur noch hinab in dunkle Tiefen des riesigen Baus. Irgendwann waren wir dort, wo wir hinwollten, man hieß mich in einem kargen, fensterlosen Raum warten, während meine Mutter endlich ihre Tochter wieder in die Arme schloss.

Ich wartete, gar nicht so lange. Meine Mutter kam zurück, und ich ging hinein. Da saß Susanne alleine hinter einem Rahmen, einer Art Durchreiche, an einem Tisch. Es war grauenhaft. Ein Gemisch widerlicher Emotionen hing im Raum, Tränen flossen, man konnte sich nicht normal verhalten. Es waren nicht die fröhlichen Tränen eines glücklichen Wiederzusammenkommens. Sondern die Tränen der vollkommenen Orientierungslosigkeit.

Wir nahmen uns nicht in die Arme, das sah der Raum, das Besuchsszenario nicht vor. Hinter Susanne saßen zwei Bewacherinnen. Sie selbst sah vollkommen erschöpft aus, verweint, mit strähnigen Haaren. Sie sagte mit ihrer sanften, vorsichtigen Stimme: »Hallo, Julia.« Sie sagte, dass sie mich ganz vergessen habe. Dass es ihr Mühe mache, sich daran zu erinnern, dass es mich gab. Dass ich ja so klein gewesen sei. Ich sagte, dass ich immerhin 13 Jahre alt gewesen sei, als sie verschwand.

Diese verdammte 13. Susanne war genau 13 Jahre älter als ich. Ich war 13, als sie 1977 bei der Ermordung Jürgen Pontos dabei war. Da war sie zweimal 13 Jahre alt. 13 Jahre später wurde sie festgenommen, da war ich zweimal 13 und sie dreimal 13 Jahre alt. Wie gut, dass ich nicht abergläubisch war.

Susanne sprach sächsisch. Original sächsisch. Da war nichts Hamburgisches in ihrer Stimme. Die durch die Kehle gezogenen Worte klangen ganz anders als meine – und schafften eine künstliche und gleichzeitig passende Distanz. Sie erzählte, dass ihre Legende in der DDR nur eine Schwester vorgesehen habe. Ich verstand, dass ich dabei irgendwie durch den Rost gefallen war. Und dass das Gedächtnis ihr dementsprechend einen Streich gespielt und sie mich gleich ganz und gar gestrichen hatte.

Ich blieb nicht besonders lange. Es entspann sich kein wirkliches Gespräch. Wie auch. Sie war wie von einem anderen Stern. Es war für mich wie ein Tritt in den Magen, dass sie mich vergessen hatte. Es schien mir so ungerecht; als hätte sie ihren Teil eines geheimen Deals nicht eingehalten, wonach wir einander Treue geschworen hatten. Es verwirrte mich, dass ich all die Jahre so inniglich an sie gedacht, dass ich mich gesorgt und geplagt – und sie mich einfach vergessen hatte.

Dabei hatte es natürlich einen Sinn. Wer für sich eine neue Biografie erfindet, muss darin auch leben. Nur so kann man als die, die man nun sein will, auch anderen gegenüber glaubwürdig sein. Es ist wahrscheinlich gar nicht verwunderlich, dass man dann die andere, die eigentliche Biografie – solange sie nicht gebraucht wird und einen sogar verraten könnte – tatsächlich wegdrängt. Das konnte ich mir aber damals noch nicht klarmachen.

Ich ging wieder nach draußen, die Sonne schien, meine Mutter wartete auf mich. Ich sagte zu ihr: »Die ist verrückt«, woraufhin wir so lachen mussten, wie wir in unserem Leben noch nicht gemeinsam gelacht hatten. So als sei eine ungeheure Spannung von uns abgefallen.

Es war ein bisschen wie in dem Märchen vom Froschkönig, als die eisernen Bande, die sich der treue Heinrich aus Trauer um seinen in einen Frosch verwandelten Herrn um sein Herz hatte legen lassen, »damit es ihm nicht vor Weh und Traurigkeit zerspränge«, nach der Wiederkehr seines Herrn laut krachend wegbrachen.

Meine Mutter juchzte: »Wirklich, meinst du das ernst?«

Und ich sagte: »Ja, ich denke, sie ist verrückt.«

Sie war natürlich nicht verrückt. Die Situation war verrückt. Ossi trifft Wessi. Täterin trifft wieder auf Familie. Aus der Verlorengeglaubten wird die Wiedergefundene. Vielleicht stand sie unter Schock. Vielleicht standen wir unter Schock. Natürlich war die Situation vollkommen verwirrend, nicht nur für sie. Sie wusste in der ersten Zeit nach ihrer Festnahme sicher nicht, wer sie nun eigentlich war. Zumindest stellte ich mir das so vor. In den Vernehmungen, die sie zu der gleichen Zeit hatte, rang sie um Klarheit. Sie versuchte aufzuklären und sich zu erklären. Sie war, das drang sofort nach draußen, in einem Maße kooperativ, als hätte sie all die Jahre nur darauf gewartet, endlich reinen Tisch machen zu können.

Während meine Mutter und ich zu fassen versuchten, was wir gerade im Gefängnis erlebt hatten, trat eine Frau aus dem Gefängnistor, die mir irgendwie bekannt vorkam. Ich glaube, wir hatten damals sowieso das Gefühl, als drehe sich alles nur um RAF und Susanne. Es war C., die ebenfalls als

RAF-»Aussteiger« in der DDR gelebt hatte. Sie hatte ihren Mann besucht, der auch in Untersuchungshaft saß. Gegen sie lag kein Haftbefehl vor. Ihr wurde keine konkrete Tat vorgeworfen, nur die Mitgliedschaft in einer terroristischen Vereinigung, doch das war bereits verjährt.

Aufgedreht wie wir waren, kamen meine Mutter und ich sofort mit ihr ins Gespräch. C. wirkte gelassen, obwohl die Festnahme ihres Mannes ebenfalls nur wenige Tage zurücklag. Wir gingen gemeinsam in eine Kneipe an der Ecke Potsdamer Straße und Landwehrkanal und lachten viel über die völlig verkehrten Welten. Sie erzählte uns von den Jahren in der DDR. Von dem Versuch, in eine Welt einzutauchen, die – sprachlich und räumlich – der eigenen Heimat so nah, ideologisch, politisch und vom Lebensstil her aber unterschiedlicher nicht hätte sein können. Sie erzählte von der Vorstellung, in das bessere Deutschland gekommen zu sein, und der Ernüchterung, die sich bald eingestellt habe. Von den zahllosen Fettnäpfchen, in die man trat, wenn man die internen Regeln nicht kannte. Sie erzählte von dem Verbot der Stasi, mit den anderen Untergetauchten Kontakt zu halten. Dieser Nachmittag mit der Fremden brachte uns auch meine Schwester irgendwie näher.

Bald traf ich zum ersten Mal Susannes Mann, der Kontakt zu uns aufgenommen hatte. Er hatte Susanne – für ihn Ingrid – im Gefängnis besucht. Bei der Festnahme sei er dabei gewesen, und bis unmittelbar vor der Festnahme habe er, wie er erzählte, von ihrer wahren Geschichte nichts gewusst. Er sprach davon, dass seine Frau keiner Fliege etwas zuleide tun könne. Es war deutlich, dass er sie liebte und achtete. Ihr gemeinsames Kind war bei den Großeltern, hatte noch nichts mitbekommen von dem Grauen, das sein Leben umstürzen würde.

Meine Eltern setzten Himmel und Hölle in Bewegung, um Susanne zu helfen. Der beste Anwalt. Alles für die Tochter tun. Für das verlorene Kind. Das hatte meine Mutter immer vor Augen gehabt: das verlorene Kind, das endlich heimkehren und um Vergebung bitten sollte.

Sie hatte die Geschichte vom Verlorenen Sohn mit sich herumgetragen. In dem biblischen Gleichnis kehrt der Sohn wieder heim, nachdem er das Erbe seines Vaters durchgebracht hat. Er fällt vor seinem Vater auf die Knie und sagt: Mein Vater, ich habe gesündigt, ich bin es nicht wert, dein Sohn zu sein. Nimm mich als einen deiner niedrigsten Knechte an. Und der Vater heißt den Sohn aufzustehen, sagt seinen Knechten, sie mögen ein Kalb schlachten und ihn festlich einkleiden. Er freut sich, weil sein Kind wieder da ist: »Er war tot und ist wieder lebendig geworden, er war verloren und ist wiedergekommen.«

Ich glaube, meine Mutter verband mit dieser Geschichte nicht nur die Hoffnung, dass meine Schwester überhaupt wieder heimkommen würde, sondern auch, dass dem demütigen Kind gegenüber ein Verzeihen möglich sein könnte.

Es hat sich herausgestellt, dass diese Hoffnung trog. Wir hatten die Rechnung ohne den Wirt gemacht. Susanne war wieder da, aber sie hatte ihre eigene Agenda.

»Endlich allein
mit meinem Schmerz«

Corinna Ponto

Von der Festnahme erfuhr ich durchs Autoradio.

Ich stand unter großer Anspannung – es war der Tag der Hauptprobe vor meinem Operndebüt in Smetanas »Die verkaufte Braut« am Landestheater in Dessau. Ich sang Marie, die Hauptrolle. Wenig Proben, ein schweres Stück. Mit der Arie »Endlich allein mit meinem Schmerz« aus dem dritten Akt musste ich immer ringen, so lyrisch, so elegisch – ich liebte die Ensembles, sie befreiten mich immer –, das hohe C im Schlussakkord ein leichter Federstreich.

Nach der Probe schaltete ich auf dem Heimweg zu dem Gastzimmer des Theaters das Autoradio ein. Es war die erste Nachricht: *Ehemalige, lang gesuchte RAF-Terroristin Susanne Albrecht in Berlin-Marzahn gefasst.*

Ich hatte Angst – schlichte, direkte Angst. Der Name, die Geschichte waren aus einem anderen Leben – das Leben lag weit hinter mir. Wie konnte die Geschichte wieder so nah, so extrem nah herankommen? In doppeltem Sinne. Berlin-Marzahn, das waren etwa hundert Kilometer von Dessau.

Der mir nur allzu bekannte lähmende Schockzustand war augenblicklich wieder da. Ich musste kotzen. Das ging nicht – ich musste doch singen. *Verdrängen, zerknüllen und rausschmeißen aus dem Fenster.* So klopfte der Gedanke in meinem Kopf – *schmeiß es raus* –, ich öffnete das Autofenster. Von draußen strömte die schwermetallhaltige Dessauer Luft in den Wagen.

Wir hatten S. im Nahen Osten, in Südamerika, in Norddeutschland vermutet – oder gar, dass sie tot war. Zumindest waren der Name und die Geschichte in einer zugeschnürten Kiste verpackt. Die sich jetzt wieder öffnete; ein traurig-miefiger Geruch trat hervor. Wieder wurde einem die Kraft geraubt, der eigene Weg verstellt. Mord ist immer auch Raubmord: Ein Teil deiner eigenen Geschichte und deiner Kraft wird dir gestohlen.

In ein paar Tagen ist meine Premiere, pochte es in meiner Schläfe. »Endlich allein mit meinem Schmerz«, die Arie der lebenslustigen, in diesem Moment gebrochenen Marie – wie sie jetzt singen? *Singen???* Ein Fremdwort in diesem Moment. Ich brüllte mich selbst an. Ich brüllte mich an, um aus dieser Angst herauszufinden.

Einige der Ensemblemitglieder hatten die Nachricht natürlich auch gehört, ich sah es in ihren Blicken – angesprochen hat mich, wie meist, keiner. Nur kein Berühren dieses Schattens.

Smetana, mährisch-böhmische Klänge und deutsch-deutscher Abgrundnebel sind seitdem für mich nicht mehr zu trennen – die Radiomeldung und das Stück haben sich zu einer neuen Komposition verbunden.

Hoffnungen und Illusionen

Julia Albrecht

Die 13 Jahre ihrer Abwesenheit waren für uns auch geprägt von der stets aufrechterhaltenen Hoffnung, dass Susanne – wenn sie denn wieder auftauchte – eine Geschichte zu erzählen haben würde, die die ungeheure Last ihres Verrats in einem anderen Licht erscheinen lassen würde. Ich wusste zwar nicht, was das sein sollte, aber ich hielt daran fest, dass sie selbst vielleicht am bittersten an dem litt, was sie getan hatte. Auch in dem Entwurf des Briefes an Ignes Ponto sprach mein Vater von dieser Hoffnung: *Wir können und wollen die Hoffnung, wenn man das schon eine Hoffnung nennen darf, nicht aufgeben, dass Zwang sie geleitet hat. Seelischer Zwang oder äußerer Zwang oder Täuschung über Absichten.*

Dieses, die Hoffnung nicht aufgeben wollen, hat uns unbewusst gelenkt und geleitet. Anzunehmen, sie habe den Verrat willentlich begangen, hätte uns gänzlich den Boden unter den Füßen weggezogen.

Wenn es zur Gewissheit wird, dass ein Mensch, der zur eigenen Familie gehört, von denselben Eltern geboren und großgezogen wurde, etwas tut, was moralisch alles beschädigt, woran man selbst glaubt, dann ist man auch mit sich selbst nicht mehr im Reinen. Der tödliche Verrat lässt einen nicht mehr los. Das ist das Entscheidende.

Diese Nähe zu einem Verbrechen, selbst wenn man vollkommen unschuldig ist, macht es schwer, sich davon wieder zu emanzipieren. Mir scheint es strukturell fast unmöglich, mich von dem Gefühl zu lösen, auch irgendwie schuldig geworden zu sein. Woran liegt das? Ich habe darauf keine Antwort.

In den 13 Jahren der Abwesenheit haben meine Eltern mich nicht darüber auf dem Laufenden gehalten, dass sowohl Verfassungsschützer wie auch Bundesanwälte immer wieder Kontakt zu ihnen aufgenommen haben. In unregelmäßigen Abständen kam von dort der Hinweis, dass die Tochter möglicherweise hier oder dort, in irgendwelchen Camps im näheren oder ferneren Osten gesichtet worden sei. Andere Falschmeldungen wie die, meine Schwester lebe als Au-pair-Mädchen in Florida, wurden von Boulevardzeitungen verbreitet. Mehrfach schrieben meine Eltern ihr – auf Wunsch der Behörde – Briefe, die die BKA-Beamten auf den Weg bringen wollten. Einmal sollte mein Vater persönlich nach Beirut reisen, um dort in einem Ausbildungslager nach ihr zu suchen. Meine Mutter hat dem Einhalt geboten. Im Nachhinein wurde klar, dass nicht einer dieser Hinweise richtig gewesen war.

Während die – wenn auch falschen – Spuren, von denen die Verfolgungsbehörden berichteten, immerhin darauf hindeuten konnten, dass die Tochter noch lebte, suchten meine Eltern auch nach Spuren, die vielleicht ihre nur eingeschränkte Schuld belegen könnten. Sie sprachen mit Peter-Jürgen Boock, der in Hamburg inhaftiert war. Es gibt einen handschriftlichen Vermerk meines Vaters aus dem Jahr 1981, in dem er festhält: *Boocks Aussage an mich in Gegenwart von* [Rechtsanwalt] *Römming: Susanne gezwungen, fertiggemacht, willenlos zusammengebrochen, StA* [Staatsanwalt] *Pfaff bestätigt Boocks Aussage, auch ihm gegenüber gemacht.*

Stefan Aust, der auch mit Boock gesprochen hatte, hat diese

Version dann in sein Buch »Der Baader Meinhof Komplex« übernommen. Er schreibt dort: »Susanne Albrecht hatte eigentlich nicht mitmachen wollen. ›Sie hat geheult‹, erinnerte sich später Peter-Jürgen Boock, ›aber sie war in einer Art und Weise dazu gebracht worden, dann doch mitzumachen, die fast an Gehirnwäsche erinnert.‹«

Das wollten wir natürlich gerne glauben. Wenn sie gezwungen worden war, dann hieß das doch automatisch: weniger Schuld – und weniger Last, auch für uns. Allerdings gibt es in den Unterlagen, die meine Mutter mir gegeben hat, auch einen Hinweis darauf, dass mein Vater schon vor Susannes Festnahme und vor dem Prozess geahnt haben musste, dass es doch anders gewesen sein könnte. Denn er erfuhr, dass sie wohl nicht nur an dem Anschlag auf Jürgen Ponto, sondern eventuell auch an anderen Terrorakten beteiligt gewesen sein könnte.

In einem Aktenvermerk der Bundesanwaltschaft von einem Telefonat mit meinem Vater vom 31. Januar 1979 (ich weiß nicht, wie er in seine Hände gelangt war) wird festgehalten: »Daraufhin wurde ihm [meinem Vater] erklärt, dass in den verschiedensten konspirativen Wohnungen Fingerabdrücke seiner Tochter gesichert werden konnten. (...) In leicht erregtem Tonfall erklärte RA [Rechtsanwalt] Albrecht zu diesem Punkt des Gesprächs, dass er um ein weiteres Mal erschüttert sei und dieses seiner Ehefrau gar nicht mitteilen könne.«

Ich denke, mein Vater hat diese Information für sich behalten. Denn ich kann mich nicht daran erinnern, vor ihrer Festnahme gewusst zu haben, dass das BKA meine Schwester verdächtigte – um nichts anderes ging es hier –, in weitere Straftaten verwickelt zu sein.

Wie auch immer – weitgehend Konsens, wenn auch nicht deutlich ausgesprochen, war in unserer Familie, dass Susanne sich an der Ermordung von Jürgen Ponto nicht aus freien Stücken und nicht als »echtes« Mitglied der RAF beteiligt hatte. Wir hielten zäh daran fest, dass nicht sein konnte, was nicht sein durfte. Wir hielten fest an dem, was wir uns selbst zuzumuten bereit waren. Die Fakten lagen auf dem Tisch. Nur wollten wir sie nicht wahrhaben.

Der Prozess

Julia Albrecht

Der Prozess gegen meine Schwester begann am 25. April 1991 in Stuttgart-Stammheim. Ausgerechnet. Ich fand es so eindrucksvoll wie lächerlich, dass die Verhandlung an diesem symbolträchtigen Ort abgehalten wurde. Weil ich von Anfang bis Ende dabei sein wollte, verschob ich mein erstes juristisches Staatsexamen um ein Semester. Für die Prozesstage fuhr ich von Berlin nach Stuttgart.

Der erste Prozesstag. Der Gang durch die Sicherheitsschleuse in Gedanken überlagert von der ganzen Terroristenprozess-Geschichte Stammheims. Die Überprüfung von Körper und Sachen. Ich nahm an, dass auch das Personal vor Ort die Prozedur ein wenig lächerlich fand. Es waren nicht mehr die Siebziger-, sondern die Neunzigerjahre.

Für mich hatte das Scannen von Körper und Sachen allein symbolische Bedeutung. Es war wie ein Ritual, das man absolvieren musste, um von der einen in die andere Welt zu gelangen. Eine Welt, in der es um meine wiedergefundene Schwester ging. Endlich konnte ich unbeobachtet und ohne jede Angst dabei sein. Die Stammheimer Hallen waren der ideale Ort für meine Verfassung. So steril, wie man es aus dem Fernsehen kannte, und damit offen für jede Fantasie. Ein düsterer Vorraum, ein großer Verhandlungssaal mit fest verankerten Plastik-Schalenstühlen, quietschgrün oder knallorange – ich habe es mir nicht gemerkt.

Meine Schwester erschien mit ihrem Anwalt von vorne rechts. Sie war schlicht frisiert und schlicht gekleidet. Ihre Erscheinung rief allen entgegen: Schont mich, ich bin nicht das Monster, als das die Zeitungen mich in den Siebzigerjahren gezeichnet haben. Ich bin harmlos. Man hätte sich darüber lustig machen können – aber das tat niemand, auch keiner der anwesenden Journalisten. Meine Schwester hatte ein Kind und einen Mann. Sie wollte leben, endlich leben und dem Teufelskreis der völligen Entfremdung entkommen – so zumindest stellte ich es mir vor. Sie hatte fast zehn Jahre in der DDR ein bieder angepasstes Leben geführt. Sie war 41 Jahre alt und hatte – wenn es gut für sie lief – noch ein halbes Leben vor sich.

Ich hatte meinen Stift und mein Papier, vor allem aber hatte ich Zeit, mich diesem Prozess – im doppelten Sinne des Wortes – zu widmen. Endlich konnte ich mich in Ruhe damit beschäftigen zu verstehen, was geschehen war. Und endlich hatte sie Zeit für mich. Endlich war es vorbei mit dem Versteckspiel. Das war ein öffentliches Verfahren, und ich konnte machen, was ich wollte.

Ich schrieb vom ersten Moment an, so gut es eben ging, jedes Wort mit. Und versuchte mich einzufinden in das, was aus ihrer Sicht geschehen war. Ich hörte der Darstellung ihres Lebens und der Tat zu. Ich beobachtete sie. An ihrer Seite saß Dr. Wandschneider, ein kluger und erfahrener Anwalt aus Hamburg, sehr freundlich, sehr nett, Angehöriger der Generation unseres Vaters, der zu dem Eindruck »verschont mich, ich will nichts Böses und ich wollte nie etwas Böses« seinen Teil beitrug. Einen größeren Gegensatz zu den politischen Verteidigungsstrategien der Siebzigerjahre hätte man sich nicht ausdenken können.

Nur am Rande spielte in diesem Verfahren die gesellschaftspolitische Dimension der »RAF« eine Rolle: die brutale Ideologisierung der Sympathisanten durch die »Gefangenen«, die Bedeutung des Vietnamkriegs für die heranwachsende Nachkriegsgeneration, die Zweifel an der Legitimation der staatlichen Gewalt und ihrer Institutionen und das tiefe Misstrauen der Jüngeren gegenüber der Elterngeneration, die ihre Energie weniger in die Aufarbeitung der ungesühnten Verbrechen des Nationalsozialismus und mehr in den Wiederaufbau und das »Wirtschaftswunder« gesteckt hatte. So ziemlich alles, was neben der Persönlichkeit meiner Schwester ihren Weg und ihr Handeln hätte erklären können, kam im Prozess nur am Rande vor.

Susanne sprach schon am ersten Prozesstag viel, sie erzählte von ihrer Kindheit und Jugend, vom Großwerden als privilegiertes Kind in einem wohlhabenden Elternhaus mit einem Vater, der viel arbeitete, und Eltern, die nicht frei von Auseinandersetzungen lebten. Sie erzählte von ihrer Stellung als zweitältestes Kind in der Familie. Sie berichtete von ihrem Schulversagen, vom Gefühl des Außenseitertums, vom Internat, von der inneren Zäsur, als der Freund sich das Leben nahm und sie dafür – stellvertretend – ihren Vater verantwortlich machte und einen ersten jähen Bruch mit der Familie herbeiführte. Von jetzt auf gleich zog sie von zu Hause aus und kam seit diesem Zeitpunkt nur noch gelegentlich zu Besuch. Und sie erzählte von dem Eintauchen in die Politik der Nach-68er aus dem Gefühl der Solidarität für die gesellschaftlich Benachteiligten, der Scham, selbst privilegiert groß geworden zu sein, und einer tiefen Ablehnung der Welt des Geldes und des Konsums. Sie berichtete von dem Misstrauen gegenüber der Welt der Erwachsenen und dass sie ›so nicht werden wollte‹.

Sie zeichnete von sich das Bild einer Getriebenen und nicht einer, die trieb, einer, die nicht originär aktiv, aber durch ihr Umfeld dann doch radikalisiert wurde.

Bereits am zweiten Prozesstag sprach Susanne über die Tat. Sie erinnerte sich an ein Gespräch mit Volker Speitel, dem gegenüber sie ihre Bekanntschaft mit den Pontos erwähnt habe, nachdem sie das erste Mal bei ihnen übernachtet hatte.

Man warf mir vor, dass diese Übernachtung Teil des Tatplans war, aber das ist nicht richtig. Danach allerdings [gab es] *ein Treffen mit Volker Speitel, wobei ich nicht wusste, dass er Kurier zwischen Gefangenen und Aktiven war. Gespräch in Stuttgart über Pontos. (...) Das war der Anfang vom Ende. Das meine ich so, dass ich später, als ich mich mit Illegalen traf* [Stefan Wisniewski, Sieglinde Hofmann], *damit konfrontiert wurde. Ich wurde über seine berufliche und gesellschaftliche Stellung befragt. Wobei mir auffiel, dass meine Gesprächspartner bereits über Ponto informiert waren. (...) Das nächste Mal wurde ich informiert, dass Ponto ein geeignetes Entführungsopfer für die Freipressung von Gefangenen sei. Ich wusste hier schon, dass ich tief drinhänge, dass ich für das, was auch immer passieren würde, verantwortlich war, denn ohne das Speitel-Gespräch wäre man nicht auf Ponto gekommen. (...) Man sagte mir, dass die Gruppe entschlossen sei, Ponto als Geisel zu nehmen, dass man mich für den Zutritt brauche, was die Garantie dafür sei, dass die Entführung problemlos abliefe.*

Diese Erklärung leuchtete mir schon damals nicht ein. Ich glaubte nicht an den schlechten Zufall: dass sie dem falschen Mann zur falschen Zeit die falsche Information gegeben hatte. Ich glaubte ihr nicht, dass sie nicht gewusst hatte, wer Speitel war. Meines Wissens musste sie ihn und sein politisches Umfeld ganz gut gekannt haben. Beide arbeiteten zeitweilig für den Anwalt Klaus Croissant – das hatte sie so auch im Prozess gesagt. Und wieso sollte sie ihm überhaupt von Ponto erzählt haben?
Dennoch, die Geschichte hinter der Geschichte, die Susanne damals im Prozess erzählte, der Subtext, wie ich ihn verstand,

war vielleicht richtig. Denn ich glaubte ihr, dass sie das Attentat irgendwie wollte – weil sie hinter dem Ziel stand, die Gefangenen zu befreien – und irgendwie nicht wollte. Ich meinte zu hören: Endlich hatte ich mal etwas anzubieten. Endlich war ich mal wer. Und ich meinte zu hören, wie sie gleichzeitig sagte: Das war alles nicht meins. Das waren die anderen. Es war nicht meine Idee, Ponto zu entführen oder gar zu ermorden.

Mir schien es merkwürdig, dass sie einerseits die Verantwortung dafür übernahm, dass Jürgen Ponto überhaupt ins Visier der RAF kam. Das tat sie, indem sie sagte, dass man nur wegen des Speitel-Gesprächs auf Ponto gekommen sei. Sich aber gleichzeitig der Verantwortung entledigte, indem sie sagte, sie hätte nicht gewusst, dass Speitel diese Information gleich weiterverwerten würde. Ich hatte den Eindruck, als versuche sie, die Brücke zu schlagen zwischen ursächlicher Verantwortung (denn ohne das Speitel-Gespräch wäre man nicht auf Ponto gekommen) und strafrechtlicher Irrelevanz (nichts davon gewusst haben zu wollen, dass Speitel als Kurier zwischen Illegalen und Legalen arbeitete).

Am dritten Prozesstag, dem 27. April 1991, ging es weiter, und es ging wieder um die Tat:

Ponto sah man als geeignetes Entführungsopfer. Nachdem man mich damit konfrontiert hatte, wusste ich, dass ich mittendrin stecke. Ich habe dagegen gesprochen. Man sagte mir, dass man entschlossen sei, diese Aktion zu machen, man sagte mir auch, dass, wenn ich nicht dazu bereit wäre, Zugang zu verschaffen, dass es dann auf der Straße passiert, es zu einer Schießerei käme, es auch zu Toten käme, dass, wenn ich Einlass verschaffe, die Sache unblutig verlaufen würde und das die einzige Möglichkeit sei, dass die Entführung gelinge.

Immer wieder drehte es sich um die Spannung zwischen einem faktischen Mit-Drinstecken und einem gefühlten Nichts-damit-zu-tun-haben-Wollen. Wenn ich die Aufzeichnungen heute wieder lese, verstehe ich noch weniger als vor 20 Jahren, weshalb sie es sich und weshalb das Gericht es ihr so leicht gemacht hat. Wieso übernahm sie Verantwortung immer für das Falsche? Nicht für ihr Verwickeltsein in den Mord oder dafür, dass sie ihn nicht verhindert hat. Nicht für ihre aktive Beteiligung an dem Komplott gegen ihren »Onkel Jürgen«, wie er peinlicherweise noch im Prozess zum Teil tituliert wurde, sondern dafür, dass sie quasi zufällig mittendrin steckte. Wieso griff niemand ein, als sie schließlich den Spieß umdrehte und ihre Teilnahme an der Tat zu einer Schutztat für Jürgen Ponto umdeutete?

Für mich spitzte sich die Situation derart zu, meine Gesprächspartner waren für mich absolut glaubwürdig, und das Problem war, dass ich mich schuldig machte, dass ich mich verantwortlich machte, dass das Speitel-Gespräch Ausgangspunkt war. Das Problem war, wie ich das Schlimmste verhindern könnte, weswegen ich mich an der weiteren Vorbereitung beteiligt habe.

Sie schilderte, wie sie moralisch unter Druck gesetzt worden sei, weil es um die Befreiung der Gefangenen gegangen sei, und erklärte:

Die Gespräche trafen den wunden Punkt bei mir von Verantwortlichkeit und Schuld nun allerdings derart, dass ich mich selbst schuldig machen musste, um dem inneren Anspruch gerecht zu werden.

Was ich verstand: Sie hatte völlig ausgeblendet, dass es um Menschenleben ging. Was ich nicht verstand: Wie kann man ausblenden, dass es um Menschenleben geht? Moralisch war für mich hiermit bereits am dritten Verhandlungstag der Tiefpunkt erreicht. Aus der Mitverantwortung für einen gemeinen Mord an einem Familienfreund wurde ein Mitmachen, um »das Schlimmste zu verhindern« – sogar ein Einstehen für den eigenen moralischen Anspruch. Sie mochte 1977 so gedacht haben. Damit hätte ich umgehen können. Darum ging es ja auch, um die Gedanken und die Abläufe von damals. Aber ich vermisste eine aktuellere Bewertung. Was mich so irritierte und bis heute irritiert, ist, dass mit dieser Argumentation die Verantwortung für das, was geschehen war, gewissermaßen in der Luft hängen blieb. Ich glaube, deswegen ist es für mich bis heute schwer, mich von der Tat zu emanzipieren, denn niemand hat dafür je wirklich die Verantwortung übernommen.

Zugleich waren allerdings Susannes Erschütterung über die Tat und die Scham darüber offensichtlich. So sagte sie schon am zweiten Verhandlungstag: »Letztlich ist mir klar, dass ich das Schlimmste tat, was man tun konnte, dass ich das Leben der Familie Ponto und meiner Eltern zerstört habe.«

Und noch etwas anderes kam hinzu, wenn man den Prozess beurteilen wollte. Es handelte sich um einen Mordprozess, und die springende Frage war: lebenslänglich oder nicht. Nur wenn Susanne es schaffte, das Gericht davon zu überzeugen, dass sie keinen Vorsatz hinsichtlich der Ermordung Pontos hatte oder dass die Kronzeugenregelung für sie Anwendung finden könnte, hatte sie eine Chance, nicht lebenslänglich hinter Gitter zu kommen. Auch vor diesem Hintergrund war ihr Aussageverhalten zu verstehen – und das wussten natürlich alle Prozessbeteiligten. In gewissem Sinne war ich vielleicht die Einzige, die daran glaubte und darauf hoffte, dass hier nun endlich die Wahrheit ans Licht kommen würde.

Verwirrend war für mich auch, dass das Gericht der Frage

nicht weiter nachging, worauf meine Schwester denn ihre Annahme stützte, dass ihre Tatbeteiligung Jürgen Ponto schützen würde. Dass es der Frage nicht nachging, wie ihrer Vorstellung nach die Entführung des Familienfreundes hätte ablaufen sollen. Zumal sie selbst aussagte, dass sie sich nicht hatte vorstellen können, wie eine Entführung Jürgen Pontos aus seinem Privathaus hätte gelingen können. Aber selbst wenn eine Entführung geglückt wäre, was wäre dann geschehen? Wie hätte ihre Rolle dann ausgesehen?

In den Prozesspausen in dem betonverschalten Vorraum des Verhandlungssaals ließen wir Besucher auch unseren Fantasien freien Lauf. Ich erinnere mich daran, wie wir uns fragten, welche Rolle meine Schwester denn bei einer geglückten Entführung hätte übernehmen sollen. Hätte sie sich zu dem entführten Jürgen Ponto setzen und ihm erzählen wollen, dass er ein Kapitalistenschwein sei und es verdiene, eingesperrt zu werden? Wollte sie ihm sagen, dass er die Todesdrohung ernst nehmen sollte für den Fall, dass die »Inhaftierten« nicht freigelassen werden würden? Man mag sich das nicht weiter ausmalen. Für mich blieben viel zu viele Fragen unbeantwortet.

Dabei hätte man meine Schwester beim Wort nehmen können. Denn sie selbst forderte »schonungslose Aufklärung« – und lieferte diese auch in Bezug auf die innere Struktur der »RAF«. Am 16. Mai 1991 war sie aufgestanden, nachdem die RAF-Zeugen und Todesschützen Brigitte Mohnhaupt und Christian Klar die Aussage verweigert und gegen das Gericht und gegen meine Schwester gewettert hatten, und hatte eine Erklärung verlesen. Sie tat dies, obwohl der Verhandlungssaal an diesem Tag gefüllt war mit RAF-Sympathisanten, die gekommen waren, um Mohnhaupt und Klar zu unterstützen, die skandiert hatten, als die beiden dem Gericht und meiner Schwester Vorwürfe insbesondere wegen der infrage stehenden Anwendung der Kronzeugenregelung gemacht hatten, und die lautstark protestiert hatten, als Ordnungsstrafen gegen Mohnhaupt und Klar verhängt worden waren.

Es herrschte eine angespannte und feindliche Stimmung, als meine Schwester erklärte:

Man kann das, was die »RAF« macht, auch nicht verändern oder verbessern, sondern die einzig richtige Konsequenz wäre, aufzuhören nach nunmehr zwanzigjähriger Terrorismusgeschichte in der Bundesrepublik. Der Mut und die Ehrlichkeit derjenigen, die heute noch »RAF« sind, einzugestehen, dass durch sie die Probleme der Gesellschaft und der globalen Politik kein bisschen entschärft wurden, sondern diese Hinrichtungspolitik immer nur das Gegenteil bewirkte, wären jetzt angesagt. Denn die Kräfte der Vernunft sind schon immer andere gewesen als Gewehrsalven und Kopfschüsse.

Sie erklärte, sie wolle den »Mythos RAF weiter erschüttern«. Und sie versuchte, ein wenig Licht ins Dunkel der RAF-Strukturen zu bringen. Die RAF sei »stalinistisch« organisiert gewesen. Die Oberen hätten das Sagen gehabt, die anderen wären vor die Tür geschickt und diffamiert worden, hätten weder telefonieren noch sich an Entscheidungen beteiligen dürfen. Es sei auch geschlagen worden.

Ich möchte das Wesen dieser Struktur sowie der »Politik der RAF« insgesamt mit dem Wesen Stalinismus gleichsetzen. Ausdruck davon ist unter anderem die Arroganz zu meinen, stets das Richtige zu wollen und zu tun, und sich damit selbstherrlich über Realität, Anstand, menschliche Gefühle und Bedürfnisse hinwegzusetzen. Diese Selbstherrlichkeit äußert sich schließlich darin, dass unliebsame Institutionen und Personen angegriffen bzw. ermordet werden. Dort, wo Dialog und Auseinandersetzung angesagt sind und wo es bereits Initiativen, Gruppen oder Bewegungen gibt, um bestimmte gesellschaftliche Missstände aufzuzeigen und zu ändern, schlägt die »RAF« zu, um sich an die Spitze einer solchen Bewegung zu stellen, so als ob sie bzw. der Anschlag die Lösung der Probleme voranbringt. Aber wo hat ein Attentat jemals dazu beigetragen, irgendein Leid in dieser Gesellschaft oder auf der Erde zu lindern?

Sie sprach von »kaltblütiger Brutalität« der Gruppe und davon, dass die Stammheimer Gefangenen als »politisches Kalkül« gedient hätten. Sie sagte, sie habe den anderen gegenüber das Thema Ponto nicht ansprechen dürfen, weil ja »die Tötung nicht beabsichtigt war«.

So entstand für mich ein durchaus widersprüchliches Bild von meiner Schwester und ihren Motiven. Es war schwer für mich, die verschiedenen Fäden zusammenzubringen. Einerseits das Lavieren, was ihre eigene Verantwortung anging, andererseits eine gewisse Schonungslosigkeit gegenüber den ehemaligen Genossinnen und Genossen.

Der eigentliche Realitätsschub aber kam für mich im Zusammenhang mit dem Anklagepunkt des versuchten Mordes in drei Fällen beim Sprengstoffanschlag auf den Wagen des Nato-Oberbefehlshabers Alexander Haig und seiner beiden Begleiter.

Ich hatte davon nichts gewusst. Meine Fantasie hatte nicht ausgereicht, mir auszumalen, dass sie nach der Tat vom 30. Juli 1977 auch noch an anderen Attentaten hätte beteiligt gewesen sein können. Tatsächlich aber hatte sie zwei Jahre nach dem Mord an Jürgen Ponto mindestens viermal den Dienstweg von Haig im belgischen Obourg ausspioniert, damit ihre Mittäter Sprengstoff unter dem Asphalt verstecken und ihn und seine Begleiter im Auto in die Luft jagen konnten. Susanne war nicht irgendwie und aus Versehen RAF, Susanne war RAF.

Bis zu dem Prozess hatten wir angenommen, dass der Mord an Jürgen Ponto für sie selbst derart traumatisch gewesen war, dass sie sich an keinen weiteren Terroraktivitäten beteiligt hatte. Heute verstehe ich, dass aus ihrer Sicht die Angelegenheit natürlich viel komplizierter oder vielmehr ganz anders gewesen sein dürfte. Das »Weitermachen« nach der Ermordung von Jürgen Ponto war vielleicht sogar gerade deshalb wichtig, *weil* die Tat so absolut verwerflich war. Vielleicht musste meine Schwester sich gerade durch das Weitermachen beweisen, dass sie für »die Sache« eintrat. Vielleicht verlor in dieser Logik der Mord von Oberursel an Sinnlosigkeit – und Verwerflichkeit –, zeigte sie doch mit dem Ausspionieren von Haig, dass es ihr eben doch um die RAF-Ideologie ging. Aber das waren meine Überlegungen.

Die Stimmung im Gerichtssaal war vom ersten bis zum letzten Tag höflich und freundlich. Nicht das Monster Susanne Albrecht, nach dem die Bundesanwaltschaft mehr als ein Jahrzehnt gesucht hatte, sondern eine reuige Exterroristin ließ sich umfassend ein. Es hatte etwas von einem Schauspiel. Der Vorsitzende Richter Dr. Breucker nannte sie während des gesamten Verfahrens »Frau Albrecht«, obwohl sie doch in der DDR nach ihrer Heirat den Namen ihres Mannes angenommen hatte. Doch manchmal versprach er sich. Dann nannte er sie »Frau Ponto«, geriet ins Stocken, sagte dann: »Äh, Entschuldigung, Frau, äh, Albrecht.« Das waren Momente, in denen man spürte, dass auch den Vorsitzenden des Gerichts diese Geschichte von Verrat und Verstrickung etwas anging und er die Täterin vor Augen, aber auch das Opfer im Kopf hatte.

Mich berührte das umso mehr, als ich Hunderte von Malen von Fremden und Bekannten »Susanne« genannt worden bin. Immer wieder. Und so unangenehm es mir war, so war es doch gleichzeitig auch immer wieder wie ein kurzer Blick hinter die Stirn des Gegenübers, dem während all der Jahre diese Geschichte nicht aus dem Kopf gegangen ist. Es passiert übrigens auch heute noch gelegentlich. Dann aber nur, wenn dieses Thema gerade im Mittelpunkt steht.

Dramatik gewann das Verfahren noch einmal zum Ende hin, als es um die rechtliche Würdigung der Taten und die Frage ging, ob ihr Aussageverhalten die Anwendung der Kronzeugenregelung ermöglichte, und damit also um die Höhe der Strafe: lebenslänglich oder zeitlich befristet. Von der rechtlichen Einordnung her bestand – zumindest für mich – nie ein Zweifel, dass sie wegen Mittäterschaft an einem Mord verurteilt werden würde. Bei mittäterschaftlichem Mord allerdings, da ist das deutsche Strafrecht unflexibel, gibt es keinen Spielraum. Da ist die Strafe lebenslänglich. Einzig die zwei Jahre vor Prozessbeginn in das deutsche Recht eingeführte Kronzeugenregelung konnte sie davor bewahren.

Meine Schwester musste also alles dazu tun, sich als Kronzeugin zu profilieren. Das war nicht so einfach, weil sie einerseits ein löchriges Gedächtnis hatte und andererseits über die aktuellen Strukturen und Pläne der RAF nichts aussagen konnte. Die Möglichkeit, dass sie mit ihrer Aussage helfen könnte, eine Straftat zu verhindern, kam also nicht in Betracht. So brachte sie eben andere Aspekte ins Spiel. Dazu gehörte ihr Bemühen, von den damaligen Strukturen der RAF zu berichten, den Mord an Jürgen Ponto detailliert aufzuklären und, was ihr letztlich ebenfalls positiv angerechnet wurde, zu beteuern, dass es sich beim Tod von Andreas Baader, Gudrun Ensslin und Jan-Carl Raspe im Gefängnis von Stammheim tatsächlich um Selbstmorde und nicht etwa um staatlich verordnete Morde gehandelt habe.

So ernsthaft alle Verfahrensbeteiligten um Aufklärung bemüht waren, war doch immer auch der Eindruck präsent, dass das Verfahren durch die Kronzeugenregelung korrumpiert war. Man konnte sich einfach nie sicher sein, ob etwas gesagt wurde, um zur Wahrheitsfindung beizutragen, oder ob es nicht auch darauf ausgerichtet war, den Kronzeugenbonus zu erhalten. Natürlich ist in Strafverfahren das Aussageverhalten der Angeklagten generell darauf ausgerichtet, möglichst glimpflich davonzukommen.

Beim Plädoyer der Bundesanwaltschaft am vorletzten Prozesstag herrschte eine merkwürdige Stimmung im Gerichtssaal. Unterdessen kannten sich alle Zuhörer, die die zehn Prozesstage, die auf viele Wochen verteilt gewesen waren, durchgehalten hatten. Es herrschte gespanntes Schweigen. Jedes der Worte von Bundesanwalt Peter Zeis legten wir innerlich auf die eine oder die andere Schale einer Waage und stellten Vermutungen an, wie der Strafantrag am Ende seines Plädoyers lauten würde.

Er sagte u.a.: »[Wir nahmen] sehr schnell von dem Gedanken, wir hätten mit ihr den Teufel persönlich am Kanthaken, Abschied (...) Ohne Wehmut, wie wir gestehen, aber mit viel Überzeugung. Und dass dieser Meinungsumschwung richtig war – und ist –, das haben dann die weiteren Vernehmungen ... ergeben. (...) Sie war und ist aber keine terroristische Gewalttäterin vom Schlage einer Brigitte Mohnhaupt, Adelheid Schulz oder Sieglinde Hofmann ... dazu war sie viel zu sehr Täter und Opfer zugleich.« Oder: »Wer Sie, Frau Albrecht, hier vor Gericht erlebt hat – insbesondere erlebt hat, wie Sie auch heute noch unter den von Ihnen mitverübten Verbrechen der ›RAF‹ leiden – der muss mit diesem Menschen Susanne Albrecht Mitleid haben.« Und: »Ohne eine gerechte Strafe kann es für Sie aber auch kein neues Leben in Freiheit geben. Wie anders auch könnten Sie Ihrem Sohn erklären, was Furchtbares war, wenn Sie ihm nicht gleichzeitig sagen können, ich habe dafür gebüßt und gesühnt. So gesehen kann Strafe auch Hilfe sein, um die Vergangenheit zu bewältigen.«

Während des Plädoyers begannen jene Besucher, die das gesamte Verfahren beobachtet hatten, einander Zettelchen zu reichen, auf denen jeweils eine Zahl stand oder ein Wort. Bei mir lief ein Zettel mit der Zahl 6 durch die Reihe und ein weiterer, auf dem »8½« stand. Im Verlauf der Ausführungen des Bundesanwalts hatte sich offenbar die Auffassung durchgesetzt, dass er ein überraschend niedriges Strafmaß beantragen würde.

Es kam anders. Unter Einbeziehung der Strafminderungsmöglichkeiten der Kronzeugenregelung beantragte Bundesanwalt Zeis 12 Jahre. Allerdings: Er bewertete den Mord an Jürgen Ponto nicht als Mord, sondern als versuchte Geiselnahme mit Todesfolge.

Das Gericht bestätigte am letzten Prozesstag in seinem Urteil das Strafmaß von 12 Jahren. Allerdings bewertete es sowohl den Fall Ponto als auch den Fall Haig als Mord beziehungsweise versuchten Mord und erkannte die Anwendung der Kronzeugenregelung an.

Der Schock, den die Enthüllungen des Prozesses für meine Familie und mich bedeuteten, lässt sich natürlich auch anders erklären. Nämlich mit Ignoranz und der fehlenden Bereitschaft unsererseits, das, was an Fakten klar vor uns ausgebreitet lag, wahrzunehmen. Denn es hatte in den Jahren zuvor nur einen einzigen Hinweis darauf gegeben, dass Susanne die Tat vielleicht nicht gewollt hatte. Und das waren die Erzählungen von Peter-Jürgen Boock.

Obwohl wir es heute und nach all den Jahren besser wissen, obwohl wir wahrhaben mussten, dass es keinen Zwang gab, der auf Susanne ausgeübt worden ist, bleibt das Gefühl: Es kann einfach nicht wahr sein.

Diese Haltung, diese Verwirrung über den Tatbeitrag, den emotionalen Tatbeitrag, wenn man so will, spiegelte sich gewissermaßen auch in dem Plädoyer ihres Strafverteidigers. »Möglicherweise«, so Dr. Wandschneider, »hatte Susanne den Eindruck, sich opfern zu müssen, damit nichts Schlimmeres passiert.« Diese Interpretation könnte typischer für eine deutsche Biografie nicht sein: der Opfermythos der Täter. Der Opfermythos einer jeden Ideologie, die meint, sich über die allgemein anerkannten Werte stellen zu dürfen.

Liebe Julia,

es ist schwer für mich, Deinen Text über den Prozess zu lesen. Ich drifte ab – so wie ich oft aus Sätzen, denen ich nicht traue, herausfalle. Ich glaube manchmal, ich habe Worten gegenüber ein größeres Misstrauen als Menschen gegenüber. Ich kannte die Aussagen nicht, die S. vor Gericht gemacht hat. Ich habe sie jetzt nachgelesen. Sie scheinen mir geschickt konstruiert – manches verdankt sich vielleicht auch juristischen Absprachen –, aber ich weiß dadurch nicht mehr. Ist es wirklich wichtig – außer für ihre Verteidigungsstrategie –, wer von den Beteiligten den Namen meines Vaters wann und wie zum ersten Mal erwähnt und gehört hat? Ich finde nicht die Spur eines Hinweises oder einer Einsicht bei ihr, in welchem globalen terroristischen Rad sie damals tätig gewesen war.

Und wenn die »Entführung« meines Vaters angeblich so fürchterlich schiefgegangen ist – wie ist es dann möglich, dass dieselben Bandenmitglieder, plötzlich absolute Profis, ein paar Wochen später Hanns Martin Schleyer unverletzt aus einem völlig zerschossenen Auto herausholten, nachdem sie die Begleiter getötet hatten? Das erforderte präziseste Ausbildung.

Mein Vater war ein ausgesprochen meinungsbereiter Mensch. Er hat immer, auch öffentlich, entschieden formuliert, er war kräftig. Wie konnte man annehmen, dass er den etwa achtzig Meter langen Weg bis zur Straße ohne Gegenwehr mitgehen würde – und meine Mutter zurücklassen? Völlig undenkbar. Sollte hier vielleicht etwas schiefgehen? Das ist inzwischen meine Vermutung. So dilettantisch war kein anderes Verbrechen vorbereitet.

In dem im Prozess erwähnten »Anti-Folter-Komitee« wie im »Internationalen Komitee zur Verteidigung politischer Gefangener in Westeuropa« (IKV) sammelten sich entscheidende Täter. *Sektionen*, wie es in einem MfS-Papier (BStU,

HA XXII 16554) zu diesem IKV heißt, gab es auch in Italien, der Schweiz, Belgien und den Niederlanden. Es wäre wünschenswert gewesen, dass S. über diese terroristische Keimzelle, in der auch sie ihre terroristische Sozialisation erhielt, ausführlich ausgesagt hätte.

Der Begriff »Anti-Folter-Komitee« war reine Propaganda – gerade in den Staaten, die die Terroristen damals unterstützten, wurde grausam gefoltert. Der Kontrast wäre erhellend, würde man folgende Bilder übereinanderblenden: die Situation der Gefangenen in Stammheim und das Dasein politischer Gefangener sowohl in den Gefängnissen und Lagern in Osteuropa wie in den arabischen Unterstützerländern der Terroristen.

Corinna

Der Raum der
eigenen Geschichte

Corinna Ponto

Als ich meine Mutter 1993 auf Long Island besuchte und mich eines Nachmittags mit Schwung in einen der Veranda-sessel fallen ließ, stockte mir der Atem: Auf dem niedrigen Glastisch vor mir lag ein aufgeschlagenes amerikanisches Magazin. Von der Zeitschriftenseite schaute mich S. an. Es dauerte lange, bis ich das Blatt in die Hand nahm. Ich blät-terte erst um den Artikel herum – Tortenrezepte, neue Fri-suren, heimverschönernde Blumengebinde. Aber da war sie wieder – diese schwarz gewandete Unheimlichkeit. Es war ein detaillierter Bericht über S.' Jahre in der DDR:

She was trained by Palestinians in small arms and hand to hand combats. She smuggled explosives. She was used and protected by the east German secret police. She lived for thir-teen years on the run in Russia, France, Iraq, Yemen, Czech-oslovakia, Belgium, the Netherlands and, of course, on both sides of Germany. She is German. If we may understand Germany as a place where people have complex pasts, this woman's life is exemplary. (Guy Martin in *Mirabella*)

An diesem Glastisch, beim Starren auf dieses Abbild und diesen Text über S., entstand für mich wie aus dem Nichts etwas Neues, ein Befreiungsmoment – er hält an bis zum heutigen Tag. Nun konnte ich mit all den Texten und Bildern kommunizieren, mit denen ich seit 1977 konfrontiert worden war – und mit denen, die in mir entstanden waren –, ohne an Sprachlosigkeit zu verzweifeln. Meine Gefühle und Gedanken verwandelten sich in innere »Räume«, die ich mit imaginierten »Installationen« ausstattete.

Jahrelang hatte ich Medienberichte, Fundstücke – und damit auch meine offenen Fragen – in Kisten und Kartons verpackt und zu Hause im Keller abgestellt, nun baute ich mir imaginäre Räume, zog mich in ein inneres Gebäude zurück, in dem ich diese Räume auf mich wirken lassen konnte. Sie entwickelten und erweiterten sich von ganz allein. Ich machte mich frei von den Wortmeldungen der vielen Berufenen. In den Räumen war ich sicher – Widersprüche konnten mühelos nebeneinander existieren.

Beim Blick auf den Glastisch entstanden in den blendenden, gebrochenen Sonnenstrahlen, die auf der Zeitschrift kreisten, ganze Bildfolgen und ordneten sich wie von selbst. Vor einigen Jahren, um die Zeit der »Auflösungserklärung« der RAF und der Debatten um die Begnadigung von Terroristen, begann ich solche Räume in einem Skizzenbuch zu entwerfen.

Einer von ihnen trägt den Titel *Schlussstrich:* Der Boden ist in den Farben der Deutschlandfahne gestrichen, über diese zieht sich durch die Mitte des Raumes in schwarzer Farbe eine Linie aus großen und kleineren Fragezeichen. Im Dunkel einer Ecke kauern Exterroristen (sie tragen ein T-Shirt mit dieser Aufschrift) und richten grelle Scheinwerfer auf die Nazizeit – der Scheinwerfer, der auf sie gerichtet ist, bleibt ausgeschaltet. Er ist mit einem Transparent mit der Aufschrift *Freiheit für die gefangenen Wahrheiten* überklebt. Einige aus der Gruppe richten sich zwischendurch auf und sprechen die Schlussworte der *Auflösungserklärung* von

1998 durcheinander: *Wir beenden dieses Projekt. Das Ergebnis kritisiert uns. Es ist nichts als ein Durchgangsstadium auf dem Weg zur Befreiung.* Auch in der BRD sind es Zehntausende gewesen, die solidarisch waren. Es war eine Rebellion für eine andere soziale und kulturelle Realität. Die Revolution sagt: Ich war, ich bin, ich werde sein.

Aus der Gruppe löst sich die Darstellerin von Brigitte Mohnhaupt, die ein T-Shirt mit ihrem eigenen Konterfei trägt. Dieses Hemd gibt es wirklich. Man konnte es im Dada Haus Cabaret Voltaire in Zürich im Jahr 2007 kaufen. Die Darstellerin der Exterroristin ging auf die Ausstellungsbesucher zu und verteilte einen mehrseitigen Fragebogen, den man beim Erwerb des T-Shirts ausfüllen musste. *Ist die grafische Gestaltung der Sujets auf diesem T-Shirt schön? Was heißt »die bleierne Zeit«? Gibt es ein vorurteilsfreies Urteilsvermögen?*, lauteten einige der fünfzig Fragen.

Zwei dieser Hemden lagern, fest verpackt, in einer RAF-Terror-Designsammlung in meinem Keller. Ich besitze somit T-Shirts mit dem Gesicht der Mörderin meines Vaters, erstanden in einem öffentlichen Kulturinstitut. Ich könnte sie anziehen und wahnsinnig werden. Oder ich könnte sie anziehen und eine wahnsinnige Aktion damit veranstalten. Beides käme in etwa auf dasselbe hinaus.

Meine Kinder könnten mich fragen: *Wer ist denn das auf deinem T-Shirt? – Das ist die Mörderin eures Großvaters. – Und wo ist sie jetzt? – Sie ist frei. Ihr könnt ihr die heruntergefallene U-Bahn-Karte aufheben, und sie würde euch dankend anlächeln.*

Das Archiv in meinem Keller enthält auch den denkwürdigen Vorschlag einer Schweizerisch-Berliner Theatergruppe. Sie schickte uns ihre Projektidee 2007, mit der Bitte um finanzielle Unterstützung. Das Stück hatte den Arbeitstitel *Friedhof ohne Kreuze*. Diese bar jeder Empathie fantasierende Truppe stellte sich eine gemeinsame Wanderung mit der freigelassenen Brigitte Mohnhaupt vor, die vom Bahnhof Briesen in Brandenburg zu dem in der Nähe gelegenen ehemaligen Stasi-Unterschlupf gehen sollte, wo die in die DDR übergesiedelten RAF-Mitglieder zunächst untergebracht waren. Dort angekommen, wollten sie ein Bühnenstück aufführen, an dem sich auch die Zuschauer beteiligen und in dem der Rosenstrauß, den S. am 30. Juli 1977 in der Hand gehalten hatte, eine zentrale Rolle spielen sollte. In welchem Land der Welt kann man solch einen Vorschlag erhalten? Er ruht jetzt in einem Album.

Auf der nächsten Seite dieses Albums klebt ein aktuelles Foto vom Theater am Schiffbauerdamm in Berlin und diesem gegenüber ein Theaterzettel mit einem Foto von der legendären Uraufführung der *Dreigroschenoper* von Kurt Weill und Bertolt Brecht aus dem Jahr 1928. In der ersten Zeile aufgeführt in der Rolle des Jonathan Peachum: Erich Ponto. Das Bild zeigt den Onkel des Opfers Jürgen Ponto, dessen Mörder Christian Klar an demselben Theater 2009, fast genau achtzig Jahre später, einen Praktikumsplatz angeboten bekam. Zeitungsausschnitten auf den folgenden Seiten des Albums kann man entnehmen, warum der Exterrorist die Stelle nicht antrat. Er wollte nicht fotografiert werden. Er war gegen die Veröffentlichung echter Bilder. Einige Seiten weiter berichten Zeitungsartikel aus dem gleichen Zeitraum über die Klage meiner Familie gegen die Verbreitung falscher Bilder in dem deutschen Kinofilm »Der Baader Meinhof Komplex«.

Aus einer Drogeriemarkttüte, die in einer Kellerecke steht, ragen Plakate heraus. Mir wurden die Kinoposter mit den Konterfeis der RAF-Darsteller gratis und ungefragt beim Kauf der DVD in die Tüte gesteckt. Sensibel ausgedacht: Terroristen zum Ausgestalten des Jugendzimmers.

Mit diesen merkwürdigen Kellerdokumenten aus deutscher Theater-, Film- und Kulturgeschichte würde ich für einen

Collageraum Wände gestalten, über die eine durchsichtige Folie gespannt ist, auf der in den verschiedensten Sprachen *Stell dir vor* gedruckt ist – ab und an unterbrochen von der Zeile *Made in Germany*.

Es gibt bis heute keinen gemeinsamen Gedenkort für die Opfer des nationalen Terrorismus in Deutschland. Theater, Film und Literatur hingegen haben der RAF auf vielfältige Weise Denkmäler gebaut.

In meinem Skizzenbuch finden sich auch Notizen für einen *Raum der eigenen Geschichte*. Dort bewegen sich um die Zeitachse der eigenen Biografie stumme Figuren, die die großen symbolischen Begriffe darstellen: Schmerz, Verrat, Bekennen, Rache, Niedertracht, Verdrängung, Schuld, Verzeihen, Gnade, Wahrheit. In gewissen Abständen stolpern die Figuren über zwei Steine – einer trägt die Aufschrift »Schweigen«, der andere ist mit »Deutschland« beschriftet. In den Händen halten sie Kriegskoffer, Bücherkoffer, Aktenkoffer, Bombenkoffer, Sprengstoffrucksäcke. Dieses Gepäck ist zum Teil staubig, verkratzt. Splitter von Vergangenheit haften an ihnen.

Auf der Zeitleiste der Terrordaten ist am 7. April 1977 ein Foto des zerstörten Autowracks nach dem Anschlag auf Generalbundesanwalt Siegfried Buback in Karlsruhe zu sehen. Der Wagen kam direkt an der Moltkestraße zu stehen.

Zum Todesdatum meines Vaters, 30. Juli 1977, platziere ich den originalen Entführungsbus, Kennzeichen F-KA 472, mit den geblümten Gardinen. Daneben eine Ausgabe des Frankfurter Szenemagazins *Pflasterstrand* von 1978. Dort kann man Äußerungen des später einflussreichen deutschen Politikers Joschka Fischer nachlesen: »Bei den drei hohen Herren [Buback, Ponto, Schleyer] mag mir keine rechte Trauer aufkommen.«

An der Stelle, die den Tag markiert, an dem S. ihre Stelle als Lehrerin im Norden Deutschlands antrat, liegt ein großer

Haufen von Zetteln und losen Blättern. Darauf sind Wörter, Vokabeln notiert – ich frage mich, wie sie diese Wörter wohl im Unterricht verwendet:

Auto, Türklingel, Blumenstrauß, Flugzeug, Gitarre, Geige, Musik, Rosen, Familie, Onkel, Tante, Vater, Bruder, Schwester, Eltern, Kinder, Versteck, Tod, Leben, Flucht, Insel, Sommer, Terrasse, Bank, Gartenbank, Süden, Norden, Osten, Westen, Herbst, Europa, ankommen, Briefe, Schweden, Koffer, Italien, Ideologie, Glauben, Frankreich, Meer, Paris, Sand, Perücke, Sprache, Ausland, Heimat, Freunde, Clique, Liebe, Gewalt, Verrat, Globus, Carlos, Polizei, Schwein, Psyche, Trauer, Sprache, Gesicht, Lüge, Krieg, Kugeln, Schweiß, Tempo, Kraft, Schweigen, Sprechen, Wahrheit, Biografie, Akte, Gefühle, Mitgefühl, Vorhang, Mauer, Tat, Gespenst, Vergangenheit, Gnade, spionieren, Geschichte, Recht, Pflicht, Generation, Moral, wählen, Ikone, Plakate, Liste, Untergrund, Führungsoffizier, Grenze, Ural, Operativmaßnahme, Scham, Schock, freiwillig, aussteigen, Sicherheit, Guerillakrieg, bedrohen, bekennen, Training, Ausbildung, Schweigen, Zukunft, Freiheit, Tod, Mord, Identität, Reden, Grab, Erde, Zeitung, Jugend, Kindheit, Festnahme, mühsam, rennen, laufen, links, rechts, lernen, lehren …

Die letzten Requisiten auf der Zeitleiste des Terrors sind der Bombenkoffer von Köln 2006, und für das Jahr 2010 steht dort ein Foto von einem Dörfchen im Jemen mit dem Namen Al Qaida.

»Was empfinden Sie bei der Freilassung von Brigitte Mohnhaupt?«

Corinna Ponto

Eine Zeitung rief am Nachmittag des 25. März 2007 an – es stand etwas auf dem Herd, eine Küchenmaschine lief. »Was empfinden Sie bei der Freilassung von Brigitte Mohnhaupt? Was haben Sie bei dem Verrat von Susanne Albrecht empfunden? Wie ordnen Sie die Rolle von Susanne Albrecht in der Gruppe ein? Bitte seien Sie so gut und antworten noch heute – nein, eigentlich in den nächsten fünfzehn Minuten, denn dann ist schon Redaktionsschluss für heute.«

Ich hörte mich antworten: »Wissen Sie, ich bitte um Verständnis, ich habe mich dreißig Jahre zu den Fragen nicht öffentlich geäußert, nun werde ich nicht innerhalb einer Viertelstunde antworten können.«

Das Gespräch war beendet. Das Interesse an den Antworten auch. Es hatte ein Haltbarkeitsdatum von einem Tag – merkwürdig, wo doch alle Daten und Themen, das Gedenkjahr, die Begnadigungen und Freilassungen, nicht überraschend kamen. Mich erreichten auch andere Interviewwünsche, und für die Beantwortung der Fragen gab man mir eine Viertelstunde, einen halben Tag und einmal sogar einein-halb Tage.

Für mich war die Zeit jeweils zu kurz – zu kurz, um auf Fra-

161

gen zu reagieren, für deren Beantwortung man auch ein Leben lang brauchen könnte.

Nie hatte ich bisher über den Mord, über den Verrat gesprochen. Vielleicht war das ein Fehler – vielleicht hätte ich mir dann das für Fernsehen und Radio notwendige Tempo antrainiert gehabt. Die Macht des Dezimalsystems – 30 Jahre *Deutscher Herbst* – zwang mich 2007 dazu, mich zu wappnen. Bis dahin hatte ich noch nie einen der Mördernamen ausgesprochen. Ich übte, sie auszusprechen. Die Furcht, dass es zu leise klingen würde, falls ich sie in den Mund zu nehmen hätte, brachte mich dazu. Wenn andere die Namen aussprachen, klang es immer so selbstverständlich – bei mir fielen sie aus dem Wortschatz.

Nun, was empfand ich bei der Freilassung von Brigitte Mohnhaupt?

Ich sah fern.

Es herrschte Feierlaune in Berlin. Der Sekt hatte die Wangen der Festgäste schon fein durchblutet. Es wurden 50 Jahre Europäische Integration gefeiert, und eine Topterroristin, die ebendieses freie Europa bekämpft hatte, durfte genau von dieser Nacht an ihre neue Freiheit genießen. Ihre Opfer, die die ersten Schritte für ein freies Europa mitgestaltet hatten, konnten diese Feier nicht mehr erleben. Es tat weh, und in mir tönte es: *And the winners are …*

19. Dezember 2008.

Die Bäckerin spricht mich an: »Heute kommt ja dieser Christian Klar frei – na ja, die einen meinen so, die anderen so.« Ich schaue sie erschrocken an. Sie kennt meinen Mädchennamen nicht, weiß sie irgendetwas von mir? Sie erwartet eine Antwort.

»Ja, ja«, stammele ich.

Sie mustert mich misstrauisch. Ich kenne diesen Blick – diese Musterung: *Von welcher Seite ist die wohl?* Am Flughafen bin immer ich diejenige, die ihre Schuhe ausziehen muss. Inzwischen bekomme ich wutresigniert schon vor der Kontrolle dieses Schuhauszieh-Lampenfieber.

Schon im September 1977, nachdem ich im Dunkel eines späten Abends die Kisten für meinen Umzug nach Amerika eingepackt hatte, rissen beim Herausfahren aus dem Grundstück in Oberursel Beamte der örtlichen Polizei meine Autotür auf. Ich schaute in mehrere Maschinengewehrmündungen, und es entstand eine seitenverkehrt lebensbedrohliche Sekunde für mich: Jetzt nur keine falsche Bewegung!

Seit der Freilassung von Christian Klar gehe ich anders durch Berlin. In der U-Bahn, in der Sonne im Café streift mich die Ahnung, dass man sich begegnen könnte. Die Furcht davor schwingt jederzeit mit.

Mit den letzten Freilassungen geht die leise Ahnung einher, dass ich nun endgültig Gefangene der eigenen Geschichte bin.

Gewalt und Wahn

Julia Albrecht

Liebe Corinna,

mich haben diese beiden Entlassungen auch berührt. Brigitte Mohnhaupt und Christian Klar waren in Stammheim als Zeugen in dem Verfahren gegen meine Schwester vorgeladen gewesen. Beide traten sehr scharfmacherisch auf, und vor allem Mohnhaupt griff meine Schwester und die anderen Exterroristen, die in der DDR gelebt hatten, scharf an: »Ich habe mir etwas anderes vorgestellt, eine Verteidigung ihrer selbst, keine Lebensbeichte. Sie haben die Möglichkeit, [ihre Geschichte] im Prozess auszukämpfen, nicht genutzt.« Und: »Seit einem Jahr läuft hier ein Kronzeugenfilm ab. Die Verhaftungen 1990 waren Inszenierung. In Wirklichkeit sind sie [die zehn Ex-RAF-Terroristinnen und -Terroristen, die in der DDR untergeschlüpft waren] aus ihrem Lebenszusammenhang gerissen worden.« Gespielt werde ein »Fortsetzungsfilm, wie schlimm es in der RAF war«. Und Christian Klar verkündete: »Soll die Bundesanwaltschaft auf den Kitsch spekulieren, das traurige Bild von Verrätern ausbeuten, sollen sie ihr Programm durchspielen, die Gefangenen werden danach sprechen, und zwar direkt zur Öffentlichkeit.«

Als Mohnhaupt freikam, hat mich die reflexhafte Reuedebatte gestört. Wieso sollte sie Reue zeigen, wenn sie keine Reue empfand? Und wieso sollte sie überhaupt Reue empfinden? Das sieht unser Strafsystem als Voraussetzung für

164

eine Freilassung nach einer abgesessenen Haftstrafe nicht vor. Es wurde immer der Eindruck erweckt, als handele es sich bei ihrer Freilassung um einen Gnadenakt. Dabei war es die Bundesanwaltschaft, die eine Aussetzung der Reststrafe zur Bewährung beantragt hatte, nachdem sie 24 Jahre gesessen hatte.

Ich teile übrigens – auch wenn es mir schwerfällt, das zuzugeben – Dein Gefühl des Unbehagens. Es beruhigt mich, dass Brigitte Mohnhaupt angeblich in der Nähe von Karlsruhe, also weit weg von Berlin, lebt. Und es beunruhigt mich, Christian Klar in Berlin zu vermuten. Sie stehen für mich für Angst und Gewalt.

Das wäre völlig anders, wenn die Exterroristen sich für die Aufklärung des Kapitels RAF einsetzten. Dabei scheint das Gegenteil der Fall zu sein: Im Mai 2010 haben – nicht namentlich benannte – Mitglieder der untergegangenen RAF einen offenen Brief verbreitet, in einer Sprache, die mich an den Auftritt von Mohnhaupt und Klar im Prozess gegen meine Schwester erinnert und die inhaltlich nach vorvorgestern klingt, nach Gewalt und Wahn.

In diesem Schreiben von »einigen, die zu unterschiedlichen Zeiten in der RAF waren«, geht es den anonymen Verfassern vor allem darum klarzumachen, dass sie jede Hilfe bei der Aufklärung der Vergangenheit ablehnen: »Wenn von uns niemand Aussagen gemacht hat, dann (...) weil das für jeden Menschen mit politischem Bewusstsein selbstverständlich ist. Eine Sache der Würde, der Identität – der Seite, auf die wir uns gestellt haben.«

Dann folgt die Umdeutung der RAF in eine Befreiungsbewegung: »Keine Aussagen zu machen, ist keine Erfindung der RAF. Es hat die Erfahrung der Befreiungsbewegungen und Guerillagruppen gegeben, dass es lebenswichtig ist, in der Gefangenschaft nichts zu sagen, um die, die weiterkämpfen, zu schützen.«

Soll das heißen, dass noch immer welche weiterkämpfen? Die Selbstüberhöhung wird noch gesteigert: »Für uns in der RAF [ist es] eine notwendige Bedingung gewesen, dass niemand Aussagen macht. Einen anderen Schutz gibt es nicht – für die Einzelnen im Knast, für die Gruppe draußen und für den illegalen Raum insgesamt, die Bewegung in ihm, die Strukturen und die Beziehungen. Aber auch so. Wir machen keine Aussagen, weil wir keine Staatszeugen sind, damals nicht, heute nicht.«

Die ehemaligen RAF-Mitglieder wollen weiter an ihrem Schweigegelübde festhalten. Für sie gibt es keine persönliche Verantwortung der ehemaligen Täterinnen und Täter; es habe sich um eine Gruppenideologie gehandelt, die von allen getragen und von allen gewollt gewesen sei.

Mit diesem Bild hatte meine Schwester allerdings in ihrem Prozess gründlich aufgeräumt. Es sei eine »stalinistisch« organisierte Gruppe gewesen. Man sei »rausgeschickt«, »geprügelt« worden, die unteren Chargen seien in die Entscheidungen nicht einbezogen worden: *Dass RAF-Mitglieder ... das Gegenteil behaupteten ... von einheitlichem Kollektiv usw. sprachen, ist klar, weil das ihrem theoretischen Selbstverständnis und ihrem Anspruch entspricht (...) Dieses Verdecken der Tatsachen und sich an der Realität vorbeilügen entspricht auch dem Inhalt der gesamten »Politik« – hier wird propagandistisch versucht, eine ... bruchlose Identität darzustellen ... um sich propagandistisch günstig ins Licht zu rücken.*

Ich höre hier auf. Die Aussage meiner Schwester straft den – Jahre später verfassten – Brief von »einigen, die zu unterschiedlichen Zeiten in der RAF waren«, Lügen. Was ich allerdings an der Haltung, die dahintersteht, nicht verstehe: Dass diese Generation, die damals angetreten war mit der Anklage, dass die Naziverbrechen nicht aufgearbeitet wurden, dass die alten Täter auf den neuen Posten saßen, dass

die Millionen von Leichen einfach ungesühnt vergessen werden sollten – dass diese Generation in Bezug auf ihre eigenen Verbrechen eine aktive Aufarbeitung verweigert.
Viele Grüße,
Julia

Im Deutschen
Historischen Museum

Corinna Ponto

»Die Opfer mahnen, dass eine offene Gesellschaft Gefähr-
dungen ausgesetzt ist, und die Verpflichtung bleibt, Haltung
für eine freiheitliche demokratische Grundhaltung zu zeigen
beziehungsweise sie zu verteidigen. Zudem verpflichten die
Opfer, die Werte eines freiheitlichen Rechtsstaates zu vermitteln, vorzuleben und wach zu halten.«
So sprach der Präsident des Deutschen Bundestages auf der
Gedenkveranstaltung *30 Jahre deutscher Herbst* im Deutschen
Historischen Museum in Berlin. Das ist alles richtig und gut
formuliert. Dennoch fühlen wir Angehörige der Opfer uns allein gelassen. Wo bleibt die historische Aufarbeitung dieser
Zeit? Wir müssen uns inzwischen selbst auf den Weg machen,
um auf falsche Darstellungen, auf Ungereimtheiten und Ver-
säumnisse bei der damaligen Fahndungsarbeit hinzuweisen,
wie dies Michael Buback in eindrucksvoller Detailarbeit ge-
leistet hat. Statt Aufarbeitung ist bis heute Mythenbildung angesagt. Dem Staat scheint das nicht immer ganz ungelegen.
Während ich den Rednern bei der Gedenkveranstaltung zuhörte, ging ich die Taten der RAF durch. »Unaufgeklärt«,
vermerkte eine innere Stimme zu fast allen Verbrechen.
Seit 1985 gibt es sogar keinen einzigen Fall mehr, bei dem
die Täter bekannt wären.

Viele Akten wurden bis zum Jahr 2040 gesperrt – manche sogar bis 2063.

165 Meter Akten zu den Fällen Buback, Ponto, Schleyer wurden vernichtet.

Hier geht es nicht um ein paar unaufgeklärte Kriminalfälle, sondern um das Tableau einer ganzen unaufgeklärten Zeit.

Die Spur führt zur Stasi

Corinna Ponto

Dieser Ort birgt einen Code ... Fortwährend umkreiste mich dieser Gedanke, als ich versuchte, meine Eindrücke bei den Aufnahmen zu einer Fernsehdokumentation in Briesen Anfang Januar 2009 zu formulieren. Zum ersten Mal tauchte der refrainartige Gedanke bei der Anfahrt ins brandenburgische Briesen auf. Der Weg dorthin erschien endlos. Auf einer schnurgeraden Straße, gesäumt von schlanken, hohen Pinien und Tannen, führte er an das Ende des deutschen Waldes, fast bis an die polnische Grenze. Den flüchtigen RAF-Tätern kam der Weg damals vermutlich nicht zu lang vor. Ein Fluchtweg muss lang sein. Der Flüchtende hofft auf die Erschöpfung und Resignation des Verfolgers.

Die DDR hatte internationale Konventionen gegen Terrorismus unterschrieben. Gleichzeitig aber versteckte die Staatssicherheit sogenannte Aussteiger-Terroristen im *Forsthaus an der Flut* in Briesen; das konspirative Objekt wurde zudem zur »Durchführung spezifisch-operativer und vorgangsbezogener Maßnahmen genutzt« – Stasi-Deutsch für die Ausbildung im Umgang mit Waffen und Sprengsätzen.

Hier im DDR-Übergangsversteck lernte S. ihre neuen Papiere auswendig. Aus S. wurde Ingrid Jäger. »Ich, Ingrid Jäger, wurde am 10. April 1951 als erstes Kind meiner Mutter Ruth Jäger, geb. Walter, und meines Vaters Ernst Jäger in Madrid geboren.« Ihre Eltern seien nach Vancouver verzogen. Sie habe in der BRD keine Arbeit gefunden, deshalb lebe sie nun in der DDR.

Das Fernsehteam legte mir S.' Schreibübungen vor – bemühte, ordentliche Buchstaben –, die nach der Wende gefunden worden waren. Wir saßen im niedrigen Kellerraum des »Objekts«, eingezwängt in einer kleinen Sitzecke an einem Biertisch. Die Luft war dumpf, man konnte kaum atmen.

Auf die Frage, was ich jetzt empfinde, sagte ich dem Fernsehteam: »Hier fächert sich der Betrug auf.« Die anschließenden Fragen konnte ich kaum noch beantworten – wir mussten die Aufnahmen ständig unterbrechen. Der niedrige Höhlenraum erdrückte mich. Es war mir peinlich. Die Sprachlosigkeit hatte mich wieder eingeholt.

Wenn ich zu diesem Thema nach Gefühlen gefragt werde, ist mir augenblicklich, als hätte ich einen bleischweren Mantel an. Eigentlich bin ich lebenslustig und temperamentvoll. Muss ich über die RAF-Zeit reden, wird eine Opferhaltung von mir erwartet – ich erwarte sie fast selbst von mir. Da mein Charakter und die Opferrolle nicht zusammenpassen, verweigere ich mich. Ich hasse nicht die Täter, sondern die Rolle, in die sie mich gezwungen haben. Die Täter habe ich immer verachtet.

Ich verstand mich gut mit dem Produktionsteam. Die Kamera folgte meinem Blick, der auf die bunten Bierkrüge und Schnitzereien an der Wand fiel. Die Holzlatte hinter der Sitzbank war abnehmbar. Dort waren damals die Abhörvorrichtungen untergebracht. Nicht nur die Abhörbänder von Stammheim, auch die aus Briesen wären bestimmt spannend. In geselliger Runde wurden hier Karten gespielt. Hier wurden Schnäpse ausgeschenkt, Späße gemacht, hier wurde gelacht und einander zugeprostet. Pläne geschmiedet. Erfüllte Pläne gefeiert? Mir kam Heinrich Heine in den Sinn: *Der Deutsche, er wird gemütlich bleiben / Sogar im terroristischen Treiben.*

171

Am 7. Oktober kamen zur Feier der DDR-Gründung die große Mannschaft der Führungsoffiziere und ihre terroristischen Schützlinge am luftigen Grillplatz draußen auf der großen Wiese zusammen. Oberst Jäckel hielt die Festrede. Anschließend konnte man dann auf der Bank am Rudersteg entspannen und in den weiten Himmel träumen, in der Ferne Jägerschüsse mit einem flachen Echo. Eine Idylle des Unheimlichen – der ganze Ort.

Hinter dem Haus liegen, heute mit einem kleinen angerosteten Vorhängeschloss versperrt, der ehemalige Ausbildungsschießplatz und das Übungsgelände für Sprengstoffattentate. Hier wurde auch Christian Klar an der Waffe ausgebildet.

Ich fragte am malerisch-verträumt schönen Rudersteg, die schneebepuderten Ruderboote im Rücken, eher so vor mich hin: *War eigentlich schon einmal jemand hier?* Da gab es doch vor dreißig Jahren in dem hochgelobten Episodenfilm *Deutschland im Herbst* die Geschichtslehrerin Gabi Teichert, die bedeutungsvoll mit dem Spaten nach der Geschichte grub. Wieso hat hier, an diesem Ort, niemand gegraben?

Ich machte mich auf, an anderer Stelle zu graben: Über Monate vertiefte ich mich zu Hause und im Lesesaal der Berliner Birthler-Behörde in die Akten der Hauptabteilung XXII des MfS.

Das »konspirative Objekt 74« in Briesen, das in den Dokumenten der Staatssicherheit auch den Decknamen »Falke« trug, befand sich seit 1974 in der Rechtsträgerschaft des MfS und wurde 1976 eingerichtet (BStU, AIM 264/91). Die Abteilung – zuletzt Hauptabteilung – XXII, zuständig für die *Terrorabwehr,* war zunächst als *Arbeitsgruppe Antiterror* gegründet worden. Der Stellvertreter des Ministers für Staatssicherheit Erich Mielke, Generaloberst Bruno Beater, sagte in einer Ansprache vom April 1977 zu deren Aufgaben: »Die

Notwendigkeit der seit 1975 schrittweise erfolgten Bildung dieser Diensteinheit und die Ziel- und Aufgabenstellung der Abteilung XXII ergeben sich aus der gegenwärtigen Entwicklung der Klassenkampfsituation.« (BStU, HA XXII 19086)

»Niemals darf der Gegner nur den leisesten Verdacht auf die Existenz, Stärke, Ausrüstung und Aufgaben der Abteilung XXII erhalten.« (BStU, HA XXII 517/2)

In einer anderen Akte kann man ergänzend dazu lesen: »Aus Sicht des MfS nicht zugelassen werden darf, den Terrorismus losgelöst von der verdeckten Kriegsführung zu betrachten und umgekehrt.« (BStU, HA XXII 1841)

In einem der vielen Jahrespläne der Abteilung XXII findet man die »zentrale Planvorgabe für 1976 und [den] Perspektivplanzeitraum bis 1980 des Genossen Minister«. Darin ist festgehalten, dass bis um 31. August 1977 der »weitere Aufbau der Personenkerblochkarteien – DDR und West – mit rückwirkender Einspeicherung aller für die Diensteinheit bereits KK erfasster Personen« erfolgen sollte. (BStU, HA XXII 865/20)

»KK erfasste« Personen – »KK« steht für »Kerblochkartei« nach den Karteikarten, die mit einer Spezialzange eingekerbt wurden – waren zu diesem Zeitpunkt unter anderem Inge Viett, Günter Sonnenberg, Verena Becker und der eng mit dem KGB und der Stasi zusammenarbeitende international tätige Terrorist Carlos alias Ilich Ramírez Sánchez. Christian Klar und S. sind spätestens seit 1978 KK-registriert. Zudem sind fast alle genannten Terroristen in der VSH-Kartei gespeichert, der »Vorverdichtungs-, Such- und Hinweiskartei« der »konspirativ tätigen Diensteinheiten«.

In dieser Planvorgabe des Ministers findet sich auch folgendes Detail: »Es ist eine Arbeitsgruppe zu schaffen«, welche »eine Konzeption zur zielgerichteten Abschöpfung von Massenmedien des Operationsgebietes (Rundfunksendungen, Fernsehen, Presse u. Ä.) sowie zur analytischen Auswertung

dieser Meldungen erarbeiten soll«. (BStU, HA XXII 865/20)
Mit »Operationsgebiet« ist beim Vorgang »Stern« stets die
Bundesrepublik gemeint.

Für die RAF hatte das MfS zwei »Operativvorgänge« (OV)
angelegt. OV »Stern I« betraf die Ausbildung und Unterstützung noch aktiver RAF-Terroristen, »Stern II« die Betreu-
ung und Unterbringung der »Aussteiger«. Von den 35 Ak-
tenordnern, die es zu den Operativvorgängen »Stern I« und
»Stern II« mindestens gab, existieren heute nur noch fünf.
Alle anderen wurden während der Wende vernichtet oder
beseitigt. Doch diese fünf Ordner bewahren die tarnwahn-
sinnigen Hieroglyphen einer fremden Welt. Wenn man genau hinschaut, kann man die schwer zu lesenden, mehrfach
verschlüsselten Botschaften aus dieser fremden Welt jedoch
entziffern.

Man trifft auf deutsche Gründlichkeit und peniblen Büro-
kratengeist – und ein wohlkalkuliertes Spiel über die Grenze
der Systeme hinweg. In den Akten werden das Beobach-
ten *und* Gestalten der politischen Radikalisierung im Westen Deutschlands lustvoll bürokratisch dokumentiert. Im
Hauptquartier der Staatssicherheit in Ostberlin wurden in
dem einen Stockwerk die RAF-Mitglieder pro forma »gesucht«, während im darunterliegenden Stockwerk genau
dieselben Führungsoffiziere, die ihre Unterschriften auf die
Suchkarteien gesetzt hatten, dafür sorgten, dass sie versteckt
bzw. an Waffen ausgebildet wurden.

Diese MfS-Mitarbeiter setzten mehr als eine Dekade lang
ihre Namen unter unendlich verschlungene Vertuschungs-
vorgänge. Nur die eigenen Namen haben sie nicht auch
noch verschlüsselt. So stolpert man geradezu über die regelmäßig auftauchenden Namen der Führungsoffiziere: Zaumseil, Petzold, Kind, Voigt, Neiber, Dahl, Kurpat, Förster,
Orzschig, Borostowski, Lindner, Jäckel …
Sie gehören auf den Besetzungszettel dieser Geschichtszeit.

Neben diesen Namen sind Rechnungsbelege erhalten. Zehntausende sind da pro Jahr ausgegeben worden. Operative Ausgaben und Auslagen für »operative Maßnahmen im Operationsgebiet«, für Reisen, für Gepäckaufbewahrung, für konspirative Objekte.

Aus »Operativgeldabrechnungen« (BStU, HA XXII 19342) aus den Achtzigerjahren ergibt sich, dass den IMs, den inoffiziellen Mitarbeitern – darunter auch Inge Viett und das Ehepaar B. (S. und ihr Mann) – das Geld wahlweise in Ost-Mark oder D-Mark ausgezahlt werden konnte!

Viele dieser Abrechnungen sind auf den Decknamen »Max Schubert« ausgestellt – dahinter verbarg sich S.' Ehemann. Er war an der Akademie der Wissenschaften der DDR in der Kernforschung tätig und arbeitete für das MfS. Er war ein Auslandskader, in den Akten findet sich der Hinweis: »seit 1977 Kontakte ins NSW« – das bedeutete »nicht sozialistisches Wirtschaftsgebiet«. S. selbst firmierte als »Ernst Berger«.

Buchungs-Nr. **4190**

Operativgeldabrechnung

DE: _XXII/8_ .... Angehöriger: _Voigt_

Deckname	Reg.-Nr.	Zweckbestimmung	Betrag
Max Schubert	_XV 5934/86_		_300,– DM_

BStU

000618

USK .... M	USK .... M ....
USK .... M	USK 6103 ..... DM _300,–_

Erhalten M _300,–_   Rückrechnung an Kasse

Gesamtausgabe M _300,–_

Datum: _30. 12. 89_   M ....

Sachlich rechnerisch richtig   Zur Abrechnung bestätigt   Im Kassenbuch erfaßt

Fin. 270 O

DE _HA XXII/8_   **Operativgeldabrechnung M/DM**

_140189_	_29 JUNI 1989_ _26. 06. 89_	_Wittstock_
Buchungs-Nr.	Datum	Angehöriger

Betrag lt. Anforderung vom _20. 06. 89_   _500,–_

USK	Reg.-Nr.	Deckname bzw. Verwendungszweck	Betrag
_6103_	_XV 5231/81_	_IMB „Tati" Auftragserfüllung_	_500,–_

BStU

000466

insgesamt   _500,–_

Rückzahlung/Nachforderung von/an Kasse

_20. 06. 89_

Abrechnender/Quittung   sachlich/rechnerisch richtig   zur Zahlung angewiesen

Fin. 270

176

Auf den Abrechnungen liest man regelmäßig die Decknamen »Taler« und »Beate Schäfer«. »Taler« ist der seit den frühen Anfängen für die RAF tätige Rechtsanwalt Klaus Croissant, der als IMK, »inoffizieller Mitarbeiter zu Sicherung der Konspiration« (BStU, HA XXII 25224/91), auch unter dem Decknamen »Krieger« geführt wurde. Klaus Croissant war Verteidiger von Andreas Baader und Testamentsvollstrecker von Ulrike Meinhof. S. war 1976 in seinem Büro tätig. Nach Verurteilung und Haft begann er ab 1981 für das Ministerium für Staatssicherheit – direkt für Spionage-Generaloberst Markus Wolf – zu arbeiten.

»Der Kommune bzw. dem Croissant-Büro gehörten vor ihrem Untertauchen die meisten der Teilnahme der Ermordung von Buback, Ponto und Schleyer verdächtigten frühen RAF-Mitglieder an«, steht in der MfS-Akte 16554, dazu die abgründige Information, dass dieses »Büro« von einem IM aus Washington eine Liste von 25 namentlich benannten CIA-Mitarbeitern erhalten habe. Wie weltumspannend muss dieses mehrdeutige Büro Croissant vernetzt gewesen sein! Gemeinsam mit seiner Lebensgefährtin Brigitte Heinrich alias »Beate Schäfer«, die schon 1970 in Jordanien bei der PLO eine Terrorschulung erhalten hatte und zu einem Jahr und neun Monaten Haft verurteilt worden war, nachdem sie Handgranaten und Tretminen in die Bundesrepublik transportiert hatte (BStU, HA XXII 1841), stand dieser bekannte RAF-Jurist noch bis in das Jahr 1989 auf der Gehaltsliste der uns vertrauten Führungsoffiziere. Brigitte Heinrich war während ihrer gut dotierten Spitzelzeit für das MfS als Journalistin in Westberlin tätig und saß bis zu ihrem Tod 1987 als Abgeordnete der Grünen im Europaparlament.

Klaus Croissant wiederum war in den Achtzigern ein wichtiger Verbindungsmann zu den *Cellules Communistes Combattantes* in Belgien und der französischen *Action directe*. Beides Organisationen, auf deren Konto viele Anschläge gingen. Ein gut dokumentiertes Terrorpaar, diese beiden IMB – »inoffizielle Mitarbeiter zur Bearbeitung im Verdacht der Feindtätigkeit stehender Personen« – der Stasi.

In der IMB-Akte über Brigitte Heinrich heißt es: »Politisch steht der IM fest auf der Seite des Sozialismus. Brigitte Heinrich verfügt über zahlreiche nationale und internationale Verbindungen innerhalb der antiimperialistischen Bewegung. 1983 war es möglich, den IM in eine hohe politische Funktion in unserem Auftrag hineinzubringen.« Schon aus dem Terrorjahr 1977 findet man folgende Stasinotiz: »Durch eine zuverlässige Quelle gelangte zur Kenntnis, dass gegnerische Sicherheitsdienste Brigitte Heinrich im Zusammenhang mit den Fahndungsmaßnahmen gegen die Schleyer-Attentäter unter verstärkter Beobachtung halten. Daran beteiligt sind das Landesamt für Verfassungsschutz Hessen wie die Spionageabwehr des LfV.« (BStU, HA XXII 278/89) 1982 rät sie einer aus der Haft entlassenen Terroristin, welche »in den Libanon [gehen] und dort mit den Palästinensern kämpfen will, davon ab. Es wäre wichtiger, den antiimperialistischen Kampf hier in der BRD und Westeuropa zu führen.« (BStU, HA XXII 15968/85)

Immer wieder findet man für dieselben Terroristen Such-Karteikarten aus unterschiedlichen Jahren, für S. etwa aus den Jahren 1981, 1982 und 1985, obgleich sie zu dieser Zeit doch schon längst in der DDR untergetaucht und der Stasi ihr Aufenthaltsort wohlbekannt war.

Elektrisierend der Satz in einer MfS-Kurzauskunft vom 15. August 1978: »Der Einsatz der S. A. erfolgte 1977 bei dem Attentat auf Ponto, Jürgen, da sie früher Verbindungen zur Familie Ponto unterhielt und die Regimeverhältnisse im Hause Ponto kannte.« (BStU, HA XXII 7318492)

Dem sonderbaren Wort »Regimeverhältnisse« begegnet man häufig in Beurteilungen von Führungskadern des MfS. Dort heißt es zum Beispiel: »Der tschekistische Einsatzkader verfügte über gute Kenntnisse der Regimeverhältnisse im Operationsgebiet.« (MfS Ha XXII 19540) Den Begriff »Einsatz« habe ich in den weit über tausend Seiten von Ost-Papieren, die ich studiert habe, hingegen nur dieses eine Mal gefunden. In all dem Aktendeutsch blinkt plötzlich ein deutliches Wort auf.

Das erste Mal ist S. schon am 1. Februar 1979 auf einer Such-Karteikarte und auf einem »Erfassungsbeleg« vermerkt. Eine erste Einreisenotiz in die DDR gibt es sogar schon vom 4. Juni 1972.

Parallel zu den Suchkarteien, die wohl eher »Versteckkarteien« waren, wurde ein »Sicherungsvorgang« angelegt. Sicherungsvorgänge legte die Stasi über Personen an, »an denen ein operatives Interesse besteht, die aber noch nicht aktiv bearbeitet werden«. Auf dem Index dieser von 1979 bis 1989 geführten Sicherungsliste stehen über 600 – von der Birthler-Behörde – geschwärzte und 170 ungeschwärzte Namen. In einem Kurzbericht aus dem »Vorgang Stern« vom Herbst 1978 steht: »Bei bisher 35, zum Teil führenden Mitgliedern anarchistisch-terroristischer Gruppierungen im Operationsgebiet sind aktuelle oder frühere Verbindungen in die DDR nachweisbar und von operativer Bedeutsamkeit bzw. Interesse.« Sowohl die große Zahl der Erfassungsberichte, auch schon aus den frühen Siebzigerjahren, als auch die »Legendierungen«, die Lebensläufe, die Auflistungen über Transitreisen, die gefälschten Passregistrierungen, die Erkenntnisse zu Fahndungsmaßnahmen des BKA und die Berichte aus den westdeutschen Haftanstalten sind von den mir inzwischen gespenstisch vertrauten Verbindungsleuten unterzeichnet.

In einem langen Auskunftsbericht über den 1986 ermordeten Physiker Karl-Heinz Beckurts findet sich eine ganze Seite über die Hobbys und persönlichen Kontakte seines Fahrers G. Dieses Papier hat mich besonders bewegt. Was für eine umfassende und ausgeklügelte »Recherche« steht hinter diesen Berichten! Die Namen der Täter, die der dritten Terrorgeneration zugerechnet werden, finden sich ebenfalls mühelos in den Erfassungsberichten mit den Unterschriften von Zaumseil, Petzold, Kind ... Als Graffiti sehe ich sie als Hauptzeugen dieser Zeit auf die Schweigemauern gesprayt.

Auch finden wir in diesen Suchkarteien des MfS erstaunlich viele Namen vermutlicher Terroristen, von denen wir in der Mehrzahl noch nie gehört haben. Viele von ihnen werden gleichzeitig von Interpol gesucht. Ostberlin hat die Interpol-Fahndungen und BKA-Papiere in den jeweiligen Terroristenakten sorgsam abgeheftet. Sie dokumentieren einen außerordentlich guten Informationsstand. Diesen Film möchte ich sehen: den Weg dieser Informationen aus den Westbehörden in den Aktenschrank in Ostberlin. Er war kurz.

Schon am Nachmittag des Mordes an Generalbundesanwalt Siegfried Buback liegt der genaue Bericht über den Attentatsverlauf auf dem Schreibtisch von MfS-Generaloberst Beater. Absender laut Briefkopf: »Ministerrat der deutschen demokratischen Republik, Ministerium für Staatssicherheit – der Minister«. In diesem Bericht findet sich auch der Hinweis, dass Siegfried Buback mit dem Fall des Kanzleramtsspions Günter Guillaume und anderen Spionageaufklärungen beschäftigt war – in Westmedien konnte man dies erst viel später lesen.

Auf der dritten Seite dieses Ministerberichts steht: »... w e i s e i c h a n: Die Leiter aller operativen Diensteinheiten haben zu sichern, dass ab sofort die politisch-operative Arbeit im und nach dem Operationsgebiet der entstandenen politisch operativen Lage Rechnung trägt. Die Sicherheit der IM im und nach dem Operationsgebiet ist unter allen Umständen voll zu gewährleisten. Das bestehende Verbindungssystem ist bei Notwendigkeit entsprechend zu modifizieren.«

Unter Ziffer 9 in demselben Papier hieß es: »Alle Hinweise, die im Zusammenhang mit den Fahndungsmaßnahmen in der BRD und Westberlin von Bedeutung sind, sind sofort dem zentralen Operativstab zu übermitteln. Politisch operativ besonders bedeutsame Hinweise sind unabhängig davon sofort mir persönlich zu melden.«

In einem Ministerbrief zwei Jahre zuvor, in den Tagen der Entführung des CDU-Politikers Peter Lorenz durch die »Bewegung 2. Juni« im Jahr 1975, wird noch konkreter gefordert, dass für die IM-Kommunikation »neue Losungsworte, Deckadressen, Trefforte u. a. aufzubauen sind«. (BStU, ZAIG 14967)

Für den Planzeitraum 1989 der Abteilung XXII bestand 14 Jahre später »nach wie vor die Hauptaufgabe im weiteren Ausbau der inoffiziellen Basis zur weiteren zielgerichteten Organisierung einer personenbezogenen und schwerpunktmäßigen Bearbeitung der RAF sowie ihres Unterstützer- und Sympathisantenpotentials«. (BStU, HA XXII 433/5) Das war die klare Anweisung zum kontinuierlichen Einsatz von Spitzeln im Dienste der Terrorzelle.

Eine ungeheuer brisante Information findet sich in der Kaderakte von Oberst Günter Jäckel, dem damaligen Referatsleiter der terroristischen Spezialabteilung XXII: »Genosse Oberst Jäckel befand sich von Mai 1977 bis August 1979 zur Erfüllung eines operativen Auftrages im Operationsgebiet. Genosse Oberstleutnant Jäckel vertrat während seines Einsatzes in jeder Situation konsequent einen festen Klassenstandpunkt, die Interessen der Partei und des MfS. In der Arbeit mit den operativen Verbindungen trat der Genosse Oberstleutnant politisch verantwortungsbewusst und aktiv für die Politik der UdSSR und der SSG [Sozialistischen Staatengemeinschaft] ein.«

Man muss also annehmen, dass der Terrorspezialist Jäckel, der aufgrund seiner Erfahrung im »Operationsgebiet« 1980 zum stellvertretenden Leiter der Abteilung XXII ernannt wurde, zwei Jahre, von 1977 bis 1979 – mitten im »deutschen Herbst«, auf dem Höhepunkt des RAF-Terrors –, mit einer Tarnbiografie in der Bundesrepublik verbracht hat. Nur wo? Was hat er in der Bundesrepublik getan? Welche Kontakte hatte er zu RAF-Mitgliedern? Was war seine Rolle? Das sind die Spuren, die es zu verfolgen gilt. Hier liegt der Schlüssel für eine historische Aufarbeitung, die uns die Sicherheits- und Strafverfolgungsbehörden unseres Landes noch schuldig sind.

Unfassbar erschöpfend sind auch die *täglichen* Lagemeldungen vom BKA, die seit 1975 »im Rahmen der operativen Arbeit« den »Zentralen Operativstab des MfS« erreichten. Die Nummernschilder von zwanzig Fluchtfahrzeugen, die bei der Entführung von Hanns Martin Schleyer im Einsatz waren, die Informationen, wann und wo sie geklaut oder angemietet und zurückgegeben wurden – all diese Details liegen handschriftlich zwischen den Rapports. In dem ständigen Verteiler der Rapports werden Minister Mielke, Spionagechef Markus Wolf, Generalleutnant Bruno Beater, Generalleutnant Alfred Scholz und Rudi Mittig genannt, dazu der »Bereichsleiter Ausbildung« und der »Bereichsleiter Kampfkräfte«. (BStU, HA XXII NR 36 –B52)

In einem Operativstab-Rapport zum Fall Buback heißt es einen Tag nach dem Attentat sogar: »Über den aktuellen Stand der im Rahmen der Fahndungsaktion durchgeführten und geplanten gegnerischen Maßnahmen wurden fortlaufend der *Zentrale Operativstab* und die Hauptverwaltung des *Operativen Lagezentrums* informiert.« (BStU, HA XXII 1261/4). Der Fall war dem MfS also so wichtig, dass hier nicht nur einmal am Tag, sondern »fortlaufend« aus den westdeutschen Ermittlungen berichtet wurde. Erleichtert schickt der *Zentrale Operativstab* am 19. Mai 1977 folgende Mitteilung herum: »Es gibt bisher keinerlei Hinweise, dass inoffizielle Quellen der Abt. XXII vom Gegner erkannt wurden oder gefährdet sind.« (BStU, HA XXII 1261/4)

Im Herbst 1977 werden bei der Festnahme des Terroristen Knut Folkerts 24 Kassiber, den Fall Schleyer betreffend, gefunden, die vermutlich aus einer Westberliner Haftanstalt stammen. Diese Nachricht und Informationen zum Kontaktsperregesetz werden im Verteiler der Stasioffiziere schnellstens *streng vertraulich* herumgeschickt. (BStU, HA XXII 83/24)

Doch anscheinend ging das Einschleusen von Kassibern in die BRD-Gefängnisse trotz Kontaktsperregesetz nach 1977 mühelos weiter, denn Generalleutnant Neiber, einer der Stellvertreter Mielkes, wird 1982/83 »über das Infosystem zwischen den in Freiheit befindlichen und den inhaftierten Mitgliedern der RAF« genauestens informiert. Zudem erhält er »Kopien von Kassibern«.

Von der Festnahme der Terroristen Schulz und Mohnhaupt erfährt Generalleutnant Neiber 1982 dann wieder direkt bei einem Termin mit IMB Brigitte Heinrich. (BStU, HA XXII 19115)

Ein stetig wiederkehrendes Grundvokabular zieht sich durch die Aktenordner: *Konspiration, Desinformation, Agitation, legaler Arm, Subversion, Infiltration, falsche Fährte, antiimperialistische Front, Destabilisierung des Feindes, Doppelinszenierung* – womit Einschleusung von inoffiziellen Mitarbeitern sowohl in die linke wie in die rechte Szene gemeint war.

Auf einem Formular aus dem Jahr 1970 zur *Einreisesperre*

für Ulrike Meinhof nach Ost-Berlin steht in Klammern zum Verständnis für die Grenzbeamten: »Einreise und Transit«. (BStU, AKK 10454/76)

Zahlreiche »Einreisesperren« und »Erfassungen« für die RAF-Mitglieder – welch doppelte Bedeutung die Begriffe auch immer gehabt haben mögen – bei den *Bruderorganen* in der UdSSR, in Polen, der ČSSR, Bulgarien, Ungarn, Rumänien runden das Bild ab. Ein großer Tarn- und Legendierungskomplex, in dem sich die Terroristen mit ihren oft mit mehreren Aliasnamen augestatteten Neubiografien mit offenkundigem Geschick bewegt haben. »Aussteigen« kann man das nennen – oder auch »einsteigen«. Einsteigen in neue Lügen, wo man doch so für Wahrheit kämpfte. *Legende* und *Rückzugslegende*, zwei wiederholt in den Papieren auftauchende Begriffe, sind die beiden Säulen, auf denen die Geschichte der RAF ruht.

Fein konstruiert ist die Erzählung von der friedlichen kleinen Aussteigergruppe, die ihren Weg in die DDR über Gesprächsverhandlungen von Inge Viett Anfang 1980 gefunden haben soll. Die Deutsche Demokratische Republik stellte sich demgemäß lediglich als Asylland für ehemalige Terroristen zur Verfügung. Nur warum gibt es dann weit vor jenem Jahr 1980 so viele Belege für die aufwendige logistische Arbeit lang geschulter MfS-Mitarbeiter in dieser spezialisierten Abteilung?

Auch die Legende, wonach die Sicherheitsbehörden der Bundesrepublik 1990 vollkommen von der Tatsache überrascht wurden, dass gesuchte Topterroristen in der DDR untergekommen waren, ist nicht mehr zu halten. Das BKA hatte mindestens schon vier Jahre zuvor durch unterschiedliche Zeugen übereinstimmende klare Hinweise sowohl zum Verbleib von S. als von Silke Maier-Witt in der DDR erhalten.

Dies bezeugen zwei *Non-paper* – also offiziell nicht existierende Dokumente – aus den Jahren 1987 und 1988. In einer MfS-Stellungnahme zu einem Non-paper des BKA von 1988 heißt es:»Bereits im März und Juli 86 ist durch eine Information des KFS [= KGB] der UdSSR und einen Hinweis der HVA [= Auslandsspionage des MfS] bekannt geworden, dass gegnerische Sicherheitskräfte eine Identifizierung der DDR-Bürgerin Angela Gerlach mit der als Terroristin gesuchten Silke Maier-Witt prüfen.« (BStU, HA XXII 19481) Und ausweislich eines MfS-Vermerks vom 5. März 1988 bat ein westdeutsches Mitglied der bilateralen Kommission während eines Empfangs in der Ständigen Vertretung der BRD in der DDR am 3. März 1988 einen Vertreter des DDR-Justizministeriums, ob er bestätigen könne, dass es sich bei »Angela Gerlach« um Silke Maier-Witt handele. (BStU, HA XXII 19481)

Lässt die auffallend rasche Festnahme aller Aussteigerterroristen innerhalb von sechs Tagen im Juni 1990 nicht auf koordinierte Vorinformationen und Formulierungsabsprachen schließen? Vielleicht hatte der Zeitpunkt der Festnahme auch damit zu tun, dass S. in Dubna bei Moskau lebte und die Verfolgungsbehörden warten wollten, bis sie wieder nach Deutschland käme. Nur einen Tag nach ihrer Ankunft in Berlin wurden zunächst sie, und dann, innerhalb weniger Tage, alle anderen in der DDR untergeschlüpften Ex-RAFler festgenommen.

Seit dem Fall der Mauer war ein gutes halbes Jahr vergangen, ein Zeitraum, der von allen Seiten für die Aktenvernichtung genutzt werden konnte.

Wie weitgehend die Erkenntnisse bzw. Vermutungen auf bundesdeutscher Seite schon früh gediehen waren, ergibt sich aus einer Information, die die Abteilung XXII der Staatssicherheit im Juli 1978 erhielt:»Nach Ausführungen durch Staatssekretär Schüler vermutet die Bundesregierung hinter den bisher durchgeführten Terroraktionen eine zentral gesteuerte Aktion durch eine bestimmte Personengruppe, von der man bis jetzt keinerlei Ahnung habe. Nach dieser Meinung seien alle bisher gefassten Personen nur Randfiguren.« (BStU, HA XXII 416/2)

Das ist eine über dreißig Jahre alte Einschätzung, die ich in dieser Deutlichkeit bisher nur in den Ostpapieren gefunden habe.

Der Atem bleibt mir immer wieder stehen bei all den offenen Fragen. Inzwischen tief vertraut ist mir auch ein stetig gewachsenes Entsetzen, dass uns diese Geschichte bis zum heutigen Tag nicht aufrichtig und nur annähernd vollständig erzählt wurde.

Wie bin ich eigentlich in diesen Aktentunnel hineingeraten? Ich wollte der Himmelsrichtung nachgehen, in die unsere Vermutungen schon immer gedeutet hatten. Also schaute ich, ob ich Informationen zu meinem Vater in den Regalen der Birthler-Behörde finden könnte. Es gab auch etwas: zwei Karteikarten aus dem Jahr 1969. Sie waren für die Abteilung IX/11 der Staatssicherheit angelegt worden, der »Aufklärung und Verfolgung von Nazi- und Kriegsverbrechen« oblag. Offenbar sollte eine eventuelle Nazivergangenheit meines Vaters aufgespürt werden. Stand er tatsächlich schon seit Ende der Sechzigerjahre unter Beobachtung? War er vielleicht schon seit damals im Visier? Auf den Karten ist unsere erste hessische Adresse verzeichnet, dazu finden sich Hinweise auf diverse Zeitungsartikel. Ansonsten sind beide Karten leer.

Sie haben nichts gefunden. Ich hingegen finde auf den beiden fast leeren Karten nach über vierzig Jahren das frühe Ausforschungsinteresse des MfS dokumentiert. Nur zwei Tonscherben sind mir in die Hände gefallen. Aber sie zeigen, dass es ein Gefäß gab.

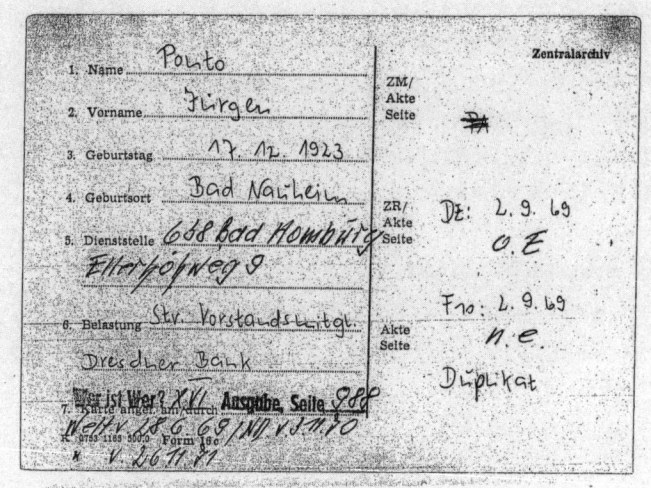

»Jeder wusste so viel, wie es brauchte zu dem, was er konkret tut«, sagte S. in ihrer Aussage im Prozess gegen Silke Maier-Witt am 3. Oktober 1994. Wo liefen die Fäden des Einzelwissens zusammen? Wer kannte den Gesamtplan?

In einem der letzten handgeschriebenen Berichte des Aktenvorgangs *Stern* findet sich ein paar Seiten nach dem Eintrag *Bis zum 30.6. Verena-Becker-Akte aufarbeiten!* am 1. März 1990 in der winzigen Handschrift von Führungsoffizier Petzold folgende Notiz:

Briesen nicht haltbar / vorbereiten
Objekt 75 warten
Konspirative Wohnungen alle offen –
Abschlussberichte vorbereiten.

Am 7. September 1990 wurde bei Erich Mielke, »wohnhaft Prendener Straße, Berlin«, auf Anordnung des Generalstaatsanwalts der Deutschen Demokratischen Republik wegen Verdachts der Unterstützung einer terroristischen Vereinigung (§129 a Abs. 3 STGB der BRD) eine Durchsuchung durchgeführt. 196 Positionen umfasst das Beschlagnahmeprotokoll, darunter über 100 Positionen Personalakten von RAF-Terroristen. Wir haben nie davon gehört.

Ein knappes Jahr zuvor, am 18. November 1989, noch nach dem Fall der Mauer, hatte der Chef der MfS-Bürokraten, der Minister für Staatssicherheit Erich Mielke, zu seiner weit über hundert Ordensabzeichen umfassenden Sammlung noch einen letzten Orden erhalten: den *Ehrendolch mit Gravur.*

Der Ost-West-Komplex

Corinna Ponto

In der Zeit, als der Film »Der Baader Meinhof Komplex« in den Kinos lief, fragte mich ein Schüler, warum man eigentlich so wenig über die RAF-Zeit wisse. Man könne sich so schwer eine Meinung dazu bilden. Er wolle mehr wissen, aber irgendwie sei das Thema nicht greifbar, und die Lehrer würden es auch nicht anfassen wollen.

Kann es vielleicht auch daran liegen, dass die vielen Autoren und Kunstschaffenden, die das Thema nur zu gern angefasst haben, wesentliche Dinge nicht wissen wollten? Bei der Aufarbeitung der NS-Zeit war die Kernfrage über Jahrzehnte: *Was wussten die Deutschen?* Bei der RAF-Aufarbeitung schien es irgendwie darum zu gehen: *Was sollen die Deutschen nicht wissen?*

Es ist doch völlig irrsinnig. Noch nie waren wir medial derart mit Informationen versorgt wie heute. Und wir ringen – trotz einer Publikationsflut und endloser Talkrunden – nach Worten. Die Mythenbildung hat den Blick auf das Wesentliche verstellt. Nur so kann ich mir das erklären. Denn die Grundformel ist erschütternd simpel: *Die Aktionen hatten System, und dahinter stand ein System.* Das ist der Kern.

Systematisch war der Angriff auf den freiheitlich demokratischen Rechtsstaat mit dem Mittel der Vernichtung einzelner, genau ausgesuchter Vertreter dieses Staates und seiner Gesellschaft.

Das System, das dahinterstand, waren Finanziers und Auftraggeber, deren Namen wir auch nach nun bald vierzig Jahren nicht kennen.

Wenn ich heute die Zeitungsartikel aus den Augusttagen von 1977 lese, tauche ich in eine gespenstische Zeit ein, die ich so damals gar nicht erlebt habe. In diesen so bunten, fröhlichen und popbewegten Siebzigerjahren, der verankerten und gelebten Demokratie in Deutschland, gab es eine schwarzgraue politische Doppelebene des Undurchsichtigen, des Betruges, des Verrates, der Sabotage. Es ist die Zeit des kalten Krieges mit ihren Söldnern, und bei der RAF-Story handelt es sich nicht nur, wie so oft beschrieben, um einen Generationenroman, sondern mindestens gleichwertig auch um einen Geheimdienstroman.

Zwischen den Zeitungszeilen finden sich schon erstaunliche Wahrheitsspuren, Hinweise auf Schlüsselfiguren wie die Anwälte Siegfried Haag und den bereits erwähnten Klaus Croissant. Ihre Büros waren Schaltzentralen der Terrorbande, und über sie lief die Koordination zwischen den Inhaftierten in Stammheim und den aktiven Terroristen.

Siegfried Haag war stark propalästinensisch eingestellt. Jemen, Libyen, Irak, die jeweils engste Verbindungen nach Moskau hatten, organisierten den Terroristen ihr »Ausbildungstraining«, gewährten Unterschlupf, und manche Vertreter dieser Länder besuchten dieselben »Schulungszentren« in der DDR und in Polen wie die deutschen Terroristen. Seit 1973 half die palästinensische »Befreiungsbewegung« PFLP der RAF, sich zu restrukturieren. Im Südjemen wurde der terroristische Nachwuchs auch von Instrukteuren der DDR ausgebildet.

Der zweite Mann der PFLP, Wadi Haddad, arbeitete seit 1970 unter dem Decknamen »Nationalist« für den KGB. Er stellte auch die Verbindung zu dem internationalen Terroristen Carlos her. In einer kleinen Zeremonie wurde Ende der Siebziger in Bagdad die Mörderin meines Vaters, Brigitte Mohnhaupt, mit dem Entführungskomplizen Peter-Jürgen Boock vermählt. Trauzeuge war Wadi Haddad.

Die Arme des KGB reichten weit in diese Länder, zu denen im August 1977 auch Somalia gehörte. Nur die Lossagung Somalias von Moskau im September und hohe Geldflüsse aus Bonn machten die Einreise der GSG 9 nach Mogadischu und die Befreiung der Geiseln der entführten Lufthansa-Maschine »Landshut« überhaupt möglich.

Politisch gesehen war es die Zeit zweier Machtblöcke, des kommunistischen Ostens und des atlantisch verbündeten Westens, die bestimmt war von einem Macht- und Wirtschaftskrieg der gesellschaftlichen Systeme und einem unterschwelligen Kampf der Geheimdienste. An der Oberfläche dieses Grundkonflikts tummelten sich »unsere« stets so großformatig dargestellten Terroristen. Das viel zu große Passepartout ihrer Bilder gab ihnen wahrscheinlich auch vor sich selbst eine Größe, die die Wahrnehmung auf wesentliche Zusammenhänge verstellt hat.

Wenig bekannt sind auch die Geheimtreffen von Bonner »Regierungsvermittlern« mit Vertretern am Terror beteiligter Länder. Da gibt es schon vom November 1977 das *Wischnewski-Protokoll* zu einem Treffen des SPD-Politikers Hans-Jürgen Wischnewski mit zwei hohen Vertretern der PLO in Wien im Beisein des damaligen österreichischen Bundeskanzlers Bruno Kreisky. Der in Arafats Sicherheitsstab tätige Ali Hassan Salameh, ein Drahtzieher des Anschlages auf die Olympischen Spiele 1972 in München, war einer der PLO-Delegierten. Der andere an dem Treffen Beteiligte war der enge Vertraute und Hausarzt Arafats, Issam al Sartawi, der übrigens schon zu seinen Düsseldorfer Studienzeiten Kontakte in die deutsche Terrorszene pflegte. Der damals angestrebte Deal: Wenn Deutschland die PLO und Palästina anerkennt, würde man dafür sorgen, dass die RAF ihre Aktionen einstellt.

Es war ganz gewiss kein deutscher »Baader Meinhof Komplex«, sondern ein international vernetzter Ost-West-Komplex. Ein System der professionell geschulten und eingesetzten Doppelgesichter.

Die RAF war ein nationaler Vorläufer des heutigen internationalen Terrorismus. Das wird sich in einer größeren Zeitskala von ganz alleine einordnen. Für die Darstellung der beiden Terrorphasen könnte man zum Teil die gleichen Papp-Bühnenbilder verwenden: sich gleichende Flughafenhallen, Bahnhöfe, Hinterzimmer, Ausbildungslager, dazu die echten Orte als stumme Zeugen.

Die Wahrheit
der Hundertstelsekunde

Corinna Ponto

Meine Erfahrung im Umgang mit dem RAF-Thema pendelt
zwischen an bestimmte »Gedenktage« gebundenem Me-
dieninteresse und entschiedener Themenvermeidung. Ein
selbstverständlicher, einfühlender Umgang ist die absolute
Ausnahme. Die fällt dann allerdings auf wie ein aus der
Schweigemauer gefallener Edelstein.

Nach dem einsamen Soloprotest von meiner Mutter und mir
gegen den unserer Meinung nach geschichtsfalschen Film
»Der Baader Meinhof Komplex« von Stefan Aust und Bernd
Eichinger hörten wir, wenn sich überhaupt jemand äußerte,
fast ausnahmslos den guten Wunsch: *Hoffentlich kehrt bei
euch bald wieder Ruhe ein* oder *Hoffentlich kommt ihr bald
wieder zur Ruhe.* »Ruhe« begann ein Reizwort für mich zu
werden, das mich auf der Stelle extrem pulssteigernd unru-
hig werden ließ. Eines Morgens wachte ich sogar auf und
fragte mich, ob ich nicht einfach mal so jemandem »eine
schöne Unruhe« wünschen sollte. Das Experiment steht
noch aus.

Meine Mutter hatte gegen den Film geklagt, weil sie ihre eigenen Persönlichkeitsrechte und die meines Vaters verletzt
sah. Während man sich bei anderen Szenen bis hin zu den
korrekten Fahrzeugkennzeichen um historische Detailtreue

bemüht, verfährt man in der Darstellung der Ermordung meines Vaters verfälschend, was das Geschehen und Äußeres wie Haus und Interieur angeht.

Herr M. wird wie eine Art hochherrschaftlicher Butler dargestellt, dabei war er der Firmenfahrer der Bank, ein sehr sympathischer Mann, mit dem wir bis heute in freundschaftlichem Kontakt stehen.

Meine Mutter saß nicht, wie im Film dargestellt, während des Attentates ladylike und unbeteiligt beim Tee auf der Terrasse, sondern sie saß im ziemlich abgedunkelten Raum erstarrt am Telefon, sieben Meter von ihrem Mann entfernt, als er erschossen wurde. Wäre diese korrekte Darstellung eine allzu parteiergreifende Emotionalisierung gewesen?

Der wohl unverzeihlichste Fehler ist die Darstellung des Todes meines Vaters selbst. Es war ein lautloser, fast geräuschloser, unheimlich stiller Tod, denn die Pistolen hatten Schalldämpfer, und es ging alles sehr schnell. Das lärmende Knallen der Pistolen, das ausgekostete Röcheln und der brutalisierte Todeskampf sind von den Filmemachern effekthascherisch erfunden worden.

Die geschickt versteckte, doch latent vorhandene Grundpsychologie: hier die Charakter- und Rollenstudien der Terroristen und dort die klischee-, karikaturnahen Opferdarstellungen. Wieder einmal werden die maskenhaft unsympathisch gezeichneten Opfer der Nobilitierung der Terroristen untergeordnet. Auch dies subtile Gewalt.

»Warum bin ich so wütend?«, habe ich damals einen Freund gefragt. Er sagte mir: »Das ist ganz klar. Es bedeutet für dich ein reinszeniertes Trauma. Das hast du alles schon einmal erlebt.«

Und eine Furcht kommt dazu: diese Geschichtsdarbietung in Schulen zu präsentieren, wie die Filmfirma es vorhatte. Ich habe zwei Kinder, die zur Schule gehen. Und ich möchte nicht, dass sie sich mit der Ermordung ihres Großvaters auf der Basis eines solchen Filmes auseinandersetzen müssen.

Von dem Attentat auf meinen Vater gab es vor Eichingers Film keine Bilder. Das war für unsere Familie immer ein gewisser Trost und auch ein Schutz.

Als Reaktion auf den Film und aus Protest gegen die Pläne, ihn Schulen für den Unterricht zur Verfügung zu stellen, hat meine Mutter das Bundesverdienstkreuz, das sie 1988 u. a. für die Gründung und Begleitung der »Bundesbegegnung Schulen musizieren« erhalten hat, zurückgegeben.

Derweil machte der Film, beklatscht und bejubelt auf Partys und roten Teppichen, unaufhaltsam seinen Weg – auch in die Klassenzimmer Europas. Der Kulturstaatsminister sprach bei der Verleihung des Deutschen Filmpreises 2008 von den »beiden großen deutschen Epen – den *Buddenbrooks* und dem *Baader Meinhof Komplex*«. Fast gleichzeitig lasen wir Zeitungsmeldungen über »Willkommen-Partys« für den Exterroristen Christian Klar in Berlin. Es waren verstörende, verletzende Wochen für uns.

Irrsinnigerweise wurde in Internetforen zum Film ausgerechnet das *Attentat vom 30. Juli*, dieser fast einzige aufgeklärte Anschlag der RAF, infrage gestellt: »Die Wahrheit wird man wohl nie mehr ganz erfahren«, hieß es dort oder: »Wer erinnert sich schon genau?« und: »Ob das alles genauso war, wird man wohl nie mehr ganz wissen«. Ein »Aufklärungsfilm« führt also zu Zweifeln an den noch lebenden Zeugen?! Und die Wahrheit der Hundertstelsekunde? Hat sie jemand wahrgenommen? Es gab sie in diesem Film: Horst Mahler raunt in Rom Andreas Baader, als dieser aufgeben will, aufmunternd zu: *Wir haben gute Kontakte.* Das war's. Die Wahrheit der Hundertstelsekunde.

Das Schweigen durchbrechen

Julia Albrecht

Liebe Corinna,

wo stehen wir heute? Seit dem Prozess gegen meine Schwester sind fast zwei, seit dem Mord an Deinem Vater mehr als drei Jahrzehnte verstrichen. Ist nicht längst alles gesagt und gedacht und geschrieben? Allein in den letzten paar Jahren sind Dutzende Bücher zum Thema erschienen. Können wir noch etwas Neues beisteuern?

Als wir begonnen haben mit diesem Buchprojekt, schien es mir alles so logisch. Die beiden Seiten der Medaille zusammenzubringen. Einen Modus zu finden, das Gespräch zwischen uns in Gang zu setzen. Die Last der vergangenen Jahrzehnte – auch öffentlich – in den Blick zu nehmen, schien mir sinnvoll. Als könnten wir dadurch ein Kapitel bundesdeutscher Geschichte aus einem weiteren, nicht bekannten Blickwinkel zeigen. Auch darüber zu schreiben, dass die rein rechtliche Aufarbeitung eben nur ein Aspekt ist, der mit der menschlichen Dimension, der menschlichen Katastrophe der Geschichte wenig zu tun hat.

Das Schweigen zu durchbrechen war sicherlich ein Antrieb. Nicht nur dem Schweigen der Jugendjahre etwas entgegenzusetzen, sondern auch dem Schweigen, das bis heute die Aufklärung ganzer Tatkomplexe, aber auch der Motive, Ursachen und Gründe überdeckt.

Ich hatte den Eindruck, dass es auch um Versöhnung zwischen den Familien – den Pontos und den Albrechts – ging. Wir werden zwar nie befreundet sein können, wie es unsere Väter waren. Aber Freundschaften übertragen sich ja auch sonst nicht unbedingt auf die Kinder.

Ohne Dich hätte ich dieses Buch nicht geschrieben. Ich hätte es als anmaßend empfunden, nur meine Perspektive darzustellen.

Das alles stimmt auch heute noch für mich. Und dennoch fürchte ich mich. Und würde am liebsten alles zurücknehmen und ungesagt sein lassen. Es geht alles gleichzeitig viel zu weit und springt doch viel zu kurz.

Das ist vielleicht anders für Dich? Vielleicht hast Du nicht den Eindruck, jemanden auch schützen zu müssen. Ich fühle mich ja meiner Familie, meiner Schwester tief verbunden. Ich kann nicht alles sagen oder schreiben, ich kann nicht anklagen wie Du. Ich bin ja ein Teil der Familie. Du kannst viel klarer sagen, was gut und was schlecht ist. Das kann ich nicht. Hinzu kommt das Problem, dass alles, was man zu diesem Thema sagt, eingeordnet wird in die Schubladen von rechts und links, von konservativ und progressiv. Man wird so schnell festgelegt.

»Täterangehörige« und »Opferangehörige« – diese Rollen bringen verschiedene Perspektiven mit sich. Du hast Deine Privatsphäre immer vor mir geschützt. Zu Beginn erschien mir das völlig einleuchtend. Ich habe das so verstanden, dass ich, als Schwester von Susanne, Dir nicht zu nahe kommen durfte. Dass da eine – wie auch immer geartete – Angst mitspielte. Jetzt, nach all der Zeit, nach der gemeinsamen Arbeit an diesem Buch, frage ich mich, ob ich in Deinen Augen noch immer in erster Linie die Schwester meiner Schwester bin.

Oder ist es genau andersherum? Eigentlich warst Du es, die immer wieder Angebote gemacht, gemeinsame Treffen, sogar mit Deiner Mutter, vorgeschlagen hat, auf die ich nicht eingegangen bin – letztlich wohl, weil ich mich vor dieser Begegnung scheute.

Du sagst, dass die Opfer keine Geschichte haben. Dass die Täter im Mittelpunkt stehen. Das stimmt natürlich. Aber man kann die Täter und die Opfer nicht vergleichen. Die Täter umgibt der Ruch des Unheimlichen. Bis heute sind die Fragen nicht beantwortet nach dem »Warum?« und dem »Wie konnte es geschehen?«, und so bleibt der Stachel. Während die Opfer nicht mehr am Leben sind. Sie behält man nur dann in Erinnerung, wenn sich ihre Angehörigen darum kümmern. Wie es bei Euch der Fall ist.

Dass die Täter so viel mehr öffentliches Interesse in Form von Filmen, Büchern und Bildern binden, wird so lange bleiben, bis sie selbst oder ihre Kinder sich an die Arbeit machen, die todbringende Ideologie und deren Ursaschen und Folgen aufzuarbeiten. Bisher ist das nicht wirklich geschehen.

Deine Julia

Fragen, die sich sonst noch stellen

Julia Albrecht

Es sind Fragen übrig geblieben für mich, die ich, angeregt durch Max Frisch, in einem »Fragebogen« festhalten will.

1. Haben Sie sich persönlich schuldig gemacht?
2. Finden Sie, dass die anderen endlich aufhören müssen, Sie an Ihre Schuld zu erinnern, so nach dem Motto: Muss nicht irgendwann auch einmal gut sein?
3. Angenommen, Sie sind Mitglied einer Familie, in der ein Familienmitglied ein schweres Verbrechen begangen hat – können Sie darüber hinwegkommen oder wissen Sie, was notwendig wäre, um darüber hinwegzukommen?
4. Kann man eine terroristische Tat als ein privat zu bearbeitendes Problem behandeln oder soll man es öffentlich aufarbeiten?
5. Angenommen, Sie sind Mitglied einer Familie, in der ein Familienmitglied ein schweres Verbrechen begangen hat, sollen Sie die Tat auch dann öffentlich behandeln, wenn manche Familienmitglieder es nur im Privaten aufarbeiten wollen?
6. Was ist Ihnen wichtiger: Ihre Familie oder die Wahrheit?
7. Was ist Ihnen wichtiger: ein vermeintlicher Familienfrieden oder eine vermeintliche Wahrheit?

8. Haben Sie jemals darüber nachgedacht, ob Versöhnung möglich ist?

9. Angenommen, Versöhnung ist möglich, wie stellen Sie sich diese vor? Denken Sie eher an ein Ritual, also zum Beispiel daran, dass die Schuldige am Boden kniet und Sie um Vergebung bittet und Sie ihr dann vergeben, oder meinen Sie, dass Versöhnung nur gesprächsweise zu erreichen ist?

10. Angenommen, Versöhnung ist gesprächsweise zu erreichen: Sollte man vorher klare Bedingungen stellen, oder meinen Sie, dass sich die beiden Seiten voraussetzungslos begegnen sollten?

11. Angenommen, Versöhnung ist möglich: Wer muss dafür mehr tun, die Person, die sich schuldig gemacht hat, oder die Person, an der sie schuldig geworden ist?

12. Was ist der Unterschied zwischen versöhnen und verzeihen?

13. Können Sie nicht einfach verzeihen, und dann ist alles gut?

14. Fürchten Sie sich davor, dass Ihre Kinder Ihnen später vorwerfen könnten, zu sehr auf Aufklärung gesetzt und dabei nichts erreicht zu haben?

15. Heilt die Zeit alle Wunden?

Eine Geschichte –
zwei Stimmen

Corinna Ponto

Liebe Julia,
kürzlich legte ich die Jeans meines Sohnes zusammen. Auf die Hosentasche war »Guerilla POP« gedruckt, das hatte ich bisher übersehen; die Buchstaben waren schon ganz ausgebleicht. In dem »O« von »POP« prangte ein roter Stern. Ich überlegte, die Hose auszusortieren, ließ es aber bleiben. Es war seine Lieblingshose. Die Schrift ist doch so blass und fällt kaum auf, redete ich mir ein.
Ich erinnerte mich an das letzte Schulkonzert, bei dem ein Freund aus dem Schulchor ein Che-Guevara-T-Shirt trug. Da habe ich auch nichts gesagt. Ich glaubte, nicht die Kraft für eine große Diskussion zu haben.
Heute versuche ich, langsam und behutsam, eine erklärende Sprache für meine Kinder zu finden. Sie wissen, dass es eine internationale Terrorbedrohung gibt, und ich fange an zu erzählen, dass diese Zeit auf einer anderen Ebene schon in den Siebzigerjahren begann ...

Eine Geschichte – zwei Stimmen, lautete der erste Arbeitstitel unseres Dialogs. Er gefiel mir immer und er gefällt mir auch heute noch. Weil er stimmt – und auch, weil er nicht stimmt. Unsere beiden Biografien sind schicksalhaft verwoben durch ein von beiden Seiten erlebtes Drama und jetzt durch unser neu aufgenommenes Gespräch. Diese unsere Beziehung ist nicht einfach – wir beide bringen unsere Last mit und auch unsere Bilder von sich und der anderen.

Du stellst Fragen am Ende, stellst sie hin wie einen Spiegel, in den vor allem Du selbst schaust, aber Du möchtest auch, dass andere hineinschauen. Ich denke, mit diesem Buch hast Du auch eine Antwort gefunden. Du hast Dich in Deiner Familie positioniert, Du hast gezeigt, ich gehe diesen Weg mit Euch, auch mit meiner Schwester, die ich liebe. Ich schütze Euch, aber ich darf auch meine eigenen Fragen stellen – das bin ich.

Ich glaube, Julia, das ist die wesentliche Antwort, die ich in diesen Fragen lese.

Allein hätte ich es wohl nicht geschafft, den schweren Mantel über den Gefühlen abzulegen und *in die Akten* zu gehen. Unser Weg, der nicht immer ein gemeinsamer war, der sich auch in einzelnen Strecken gabelte und dann doch wieder verknüpfte, hat mir geholfen. Wir sind in die Innenräume der Tat und in unsere eigenen Innenräume gegangen, daher konnte ich am Ende auch von außen darauf schauen. Da das Erzählen auf den anderen gerichtet – und nicht monologisch – war, fiel eine Schwere von mir ab.

Man sieht nur, was man weiß, lautet ein berühmtes Goethezitat, das sich seit einiger Zeit auch ein Reiseführerverlag zu eigen macht. Durch unsere persönlichen Nahaufnahmen weiß ich nun mehr. Die alten Großaufnahmen wurden ergänzt und verändern sich.

Im Rückblick sehe ich in meiner Entwicklung einen Dreischritt: zunächst das jahrelange Wegschauen, wenn es um die politische Ebene und die eigenen Erinnerungen ging. Dann musste ich mich sehr mühsam auf den schweren Weg der Erinnerung machen. Schließlich erlebte ich überraschend fast so etwas wie eine Ablösung von der eigenen Geschichte. Ich konnte plötzlich darauf schauen wie auf die Geschichte einer anderen.

Unser Dialog gründet auf erlebter Biografie und auf Vertrauen; dieses Vertrauen trägt die Möglichkeit der Versöhnung in sich. Ansonsten – ohne glaubwürdige persönliche Stellungnahme der Exterroristen zu ihren Taten – bleibt der Begriff der Versöhnung nichtssagend für mich. Dieser Weg kann nur über Aufklärung und eine ehrliche Geschichtsschreibung gehen – nicht über Vergessen und verflochtene Schweigeabkommen. Wäre die Befreiung der Geiseln von Mogadischu nicht geglückt, oder wäre der Schulbus, der wenige Minuten vor dem Anschlag auf Karl-Heinz Beckurts die Straße entlangfuhr, getroffen worden – die Rezeptionsgeschichte der RAF wäre anders verlaufen.

Ich setze Hoffnungen auf eine neue Forscher- und Historikergeneration – und auf etwas so Handfestes wie den ePuzzler: eine vom Fraunhofer IPK entwickelte Software, die gescannte Papierfragmente aus der Hinterlassenschaft des MfS zu vollständigen Seiten zusammensetzt. Mit der Hand bräuchte man fünfhundert Jahre, um die in 15 000 Säcken verstauten zerrissenen Stasiakten zusammenzusetzen. Der ePuzzler braucht dagegen voraussichtlich nur zehn Jahre.

Das Thema Reue muss jeder Täter für sich selbst klären – ich habe den Begriff nie benutzt. Gleichwohl verstehe ich, wenn andere Opferangehörige ihn für ihre eigene Verarbeitung brauchen. Die Tat ist für mich zu monströs, um mich der Frage nach dem »Verzeihen« abstrakt auszusetzen. Eine zweite Chance gewähren – diesen Gedanken mag ich sehr. Nur, wo ist dann unsere zweite Chance, uns aus den klischeehaften Zuschreibungen der bisherigen RAF-Deutung zu befreien?

Für mich heilt Zeit viele Wunden. Es gibt aber auch Geschwüre, die nicht verheilen, vielmehr weiterwachsen. Das

Terrorgeschwür ist für mich nicht verheilt. Gestern war der 22. November 2010: eine erste Terrorwarnung für Deutschland, verbunden mit einem konkreten Datum. Ich soll gelassen bleiben, rät die Politik.

Inzwischen wurden am Pariser Platz, wo wir uns vor mehr als zwei Jahren wiedergetroffen haben, zwanzig Jahre Mauerfall gefeiert. Ich beobachtete die eindrucksvolle Inszenierung, bei der man bunt gestaltete »Mauersegmente« wie Dominosteine umkippen ließ, und musste daran denken, dass der Fall der Mauer nicht nur die Wiedervereinigung einläutete, sondern auch die Offenlegung der Abgründe der damit überwundenen Geschichtsepoche möglich machte. Der polnische Schriftsteller Andrzej Szczypiorski hat gesagt: *Eine Nation ohne Geschichte, sowohl die gute wie die böse, hört auf, ein Volk zu sein.*

Das Schönste an der Veranstaltung war, dass man eine neue Generation sah. Die Kinder am Brandenburger Tor waren unbelastet fröhlich. In diesen Gesichtern lag ein selbstbewusster Glanz. So wuchs auch ich auf – in einem trotz der erlittenen Vorgeschichte von Krieg und Nationalsozialismus unbeschwerten Elternhaus, in einer hellen Kindheit, bis eine neue abgründige Ideologie in unser Wohnzimmer einbrach.

Das Faszinierende, das Tröstende und Aufregende für mich ist, dass die Kraft der Vertuschung und der Unwahrheit viel kurzatmiger ist als die Energie der Wahrheit. Die vielen perfekten Verbrechen – die nicht aufgeklärten Fälle –, die die Täter, die Hintermänner und Auftraggeber so lange als ihre Stärke empfunden haben, stehen nach geduldiger Metamorphose als Menetekel der Schwäche vor ihnen. Auf lange Sicht wollen die Menschen schwarze Löcher mit Wissen auffüllen. Und das ist eine der besten Erfahrungen der Menschheitsgeschichte.

Zeittafel

2. April 1968	Andreas Baader, Gudrun Ensslin u.a. legen als Protest gegen den Vietnamkrieg Brände in zwei Frankfurter Kaufhäusern.
14. Mai 1970	Andreas Baader wird von Ulrike Meinhof, Astrid Proll u.a. während einer Ausführung in das Institut für Soziale Fragen in Berlin aus der Haft befreit, wobei ein Institutsangestellter angeschossen wird.
Juni bis August 1970	Andreas Baader, Gudrun Ensslin, Horst Mahler, Ulrike Meinhof u.a. erhalten in einem Camp der Al Fatah in Jordanien eine militärische Ausbildung.
11. Mai 1972	Bombenanschlag auf das Hauptquartier des V. US-Corps in Frankfurt am Main. Der US-Offizier Paul A. Bloomquist wird getötet, 13 Verletzte.
24. Mai 1972	Bombenanschlag auf das Europa-Hauptquartier der United States Army in Heidelberg, die US-Soldaten Clyde R. Bonner, Charles L. Peck, Ronald A. Woodward werden getötet, fünf Verletzte.
Juni 1972	Andreas Baader, Holger Meins, Jan-Carl Raspe, Gudrun Ensslin und Ulrike Meinhof werden verhaftet.
Januar / Februar 1973	Erster kollektiver Hungerstreik der RAF-Gefangenen. Ihre Forderungen: »Aufhebung der Isolation als Folter für die politischen Häftlinge in der BRD«, »Zulassung unabhängiger

Ärzte und die Verlegung aus den toten Trakten in den Normalvollzug«.

23. Mai 1973	Susanne Albrecht wird nach ihrer Unterstützung der Hausbesetzer der Hamburger Ekhofstraße erkenungsdienstlich behandelt.
Ende April 1973	In zehn Städten werden örtliche »Komitees gegen Folter an politischen Gefangenen in der BRD« gegründet. Susanne Albrecht beteiligt sich an der Arbeit des Hamburger Komitees im Büro des Anwalts Kurt Groenewold.
November 1973	Susanne Albrecht wird an der niederländisch-deutschen Grenze verhaftet. In ihrem Gepäck befinden sich Zündkapseln.
30. Oktober 1974	Susanne Albrecht beteiligt sich an der Besetzung des Büros von Amnesty International in Hamburg.
9. November 1974	Holger Meins stirbt an den Folgen eines weiteren Hungerstreiks.
10. November 1974	Der Präsident des Kammergerichts Berlin, Günter von Drenkmann, wird von Mitgliedern der «Bewegung 2. Juni« erschossen.
27. Februar 1975	Peter Lorenz, der Landesvorsitzende der Berliner CDU, wird von der »Bewegung 2. Juni« in West-Berlin entführt, um Verena Becker, Rolf Heißler, Gabriele Kröcher-Tiedemann, Horst Mahler, Rolf Pohle und Ingrid Siepmann freizupressen. Mahler lehnt seinen Austausch ab. Die anderen Gefangenen werden am 3. März 1975 in den Jemen ausgeflogen, Lorenz am Tag darauf freigelassen.
24. April 1975	Überfall auf die Deutsche Botschaft in Stockholm durch das »Kommando Holger Meins« der RAF (Karl-Heinz Dellwo, Siegfried Hausner, Hanna Krabbe, Bernhard Rössner u.a.). Der Wirtschaftsattaché Heinz Hillegaart und der Militärattaché Andreas von Mirbach werden ermordet.

21. Mai 1975	Eröffnung des Prozesses in Stuttgart-Stammheim gegen Andreas Baader, Gudrun Ensslin, Ulrike Meinhof und Jan-Carl Raspe.
9. Mai 1976	Ulrike Meinhof begeht in ihrer Zelle Selbstmord.
30. November 1976	Verhaftung von Roland Mayer und Siegfried Haag, dem früheren Anwalt von Andreas Baader. Haag/Mayer-Papiere mit Anschlagsplänen für das Jahr 1977 werden gefunden.
8. Februar 1977	Brigitte Mohnhaupt wird aus der Haft entlassen und übernimmt die Führung der RAF.
7. April 1977	Generalbundesanwalt Siegfried Buback, Wolfgang Göbel, sein Fahrer, und Georg Wurster, der Leiter der Fahrbereitschaft der Bundesanwaltschaft, werden erschossen. Verurteilt wegen Tatbeteiligung wurden Brigitte Mohnhaupt, Knut Folkertsund Christian Klar; verdächtigt wurde außerdem Günter Sonnenberg. Siegfried Bubacks Sohn Michael vermutet, dass Verena Becker die Todesschützin war.
28. April 1977	Das OLG Stuttgart verurteilt im Stammheim-Prozess Andreas Baader, Gudrun Ensslin und Jan-Carl Raspe wegen vier Morden und 34 versuchten Morden aus dem Jahr 1972 zu lebenslangen Haftstrafen.
3. Mai 1977	Verena Becker und Günter Sonnenberg werden in Singen verhaftet.
30. Mai 1977	Susanne Albrecht übernachtet bei Familie Ponto in Oberursel.
Juni 1997	Erneuter Besuch von Susanne Albrecht bei Ponto, bei dem sie Corinna Ponto nach den »Sicherheitsvorkehrungen« im Haus ausfragt.
30. Juli 1977	Der Vorstandssprecher der Dresdner Bank, Jürgen Ponto, wird in seinem Haus in Oberursel von Christian Klar und Brigitte Mohnhaupt erschossen. Susanne Albrecht hatte den Besuch bei der befreundeten Familie

Ponto zuvor angekündigt und so die Tat ermöglicht. Tatbeteiligt waren außerdem Peter-Jürgen Boock und Sieglinde Hofmann.

5. August 1977	Trauerfeier für Jürgen Ponto in der Frankfurter Paulskirche. Während der Feier explodiert ein Sprengsatz in einem Gartenhaus auf dem Grundstück der Familie Ponto.
14. August 1977	Die dpa in Hamburg erhält das von Susanne Albrecht unterschriebene Bekennerschreiben zum Mord an Jürgen Ponto.
25. August 1977	Ein Raketenwerfer-Anschlag der RAF auf das Gebäude der Bundesanwaltschaft in Karlsruhe scheitert, weil der Zünder nicht funktioniert.
5. September 1977	Arbeitgeberpräsident Hanns Martin Schleyer wird vom »Kommando Siegfried Hausner« der RAF in Köln entführt. Schleyers Begleiter Heinz Marcisz, Reinhold Brändle, Helmut Ulmer und Roland Pieler werden erschossen. Die Entführer fordern die Freilassung von Andreas Baader, Verena Becker, Gudrun Ensslin, Jan-Carl Raspe und weiteren RAF-Gefangenen. Tatbeteiligt u. a. Peter-Jürgen Boock, Christian Klar, Brigitte Mohnhaupt.
6. September 1977	Bundeskanzler Helmut Schmidt beruft einen »Großen Krisenstab« ein, der beschließt, auf die Forderungen der Entführer nicht einzugehen.
30. September 1977	Rechtsanwalt Klaus Croissant wird in Paris festgenommen.
13.–18. Oktober 1977	Die Lufthansa-Maschine »Landshut« wird auf dem Flug von Mallorca nach Frankfurt am Main von einem palästinensischen Terrorkommando entführt. Flugkapitän Jürgen Schumann wird von den Entführern erschossen. In Mogadischu, der Hauptstadt Somalias, gelingt es der GSG-9, der Antiterroreinheit des damaligen deutschen Bundesgrenzschutzes, die als Geiseln genommen Passagiere zu

befreien. Staatsminister Hans-Jürgen Wischnewski hatte zuvor erfolgreich mit der soma-
lischen Regierung, die enge politische und
militärische Beziehungen zur Sowjetunion
unterhielt, über die Erlaubnis für die Befrei-
ungsaktion verhandelt.

18. Oktober 1977 Andreas Baader, Gudrun Ensslin und Jan-
Carl Raspe begehen in Stammheim Selbst-
mord. Irmgard Möller überlebt.

19. Oktober 1977 Die Leiche Hanns Martin Schleyers wird in
Mülhausen aufgefunden.

28. Dezember 1977 Verena Becker wird wegen der Schüsse, die
sie bei ihrer Verhaftung auf die Polizeibeam-
ten abgab, zu lebenslanger Haft verurteilt.

11. Mai 1978 Brigitte Mohnhaupt, Peter-Jürgen Boock,
Sieglinde Hofmann und Rolf Clemens Wag-
ner werden in Jugoslawien verhaftet, dürfen
jedoch im November nach Nahost ausreisen.

25. Juni 1979 Bombenanschlag auf den NATO-Oberbe-
fehlshaber in Europa, US-General Alexander Haig, in Belgien. Haig überlebt. Tatbeteiligt: Susanne Albrecht, Ralf Baptist Friedrich,
Werner Lotze, Sigrid Sternebeck, Rolf Clemens Wagner.

22. Januar 1980 Peter-Jürgen Boock wird festgenommen.

1980 ff. Susanne Albrecht und weitere neun »RAF-
Aussteiger« gehen – soweit dies heute bekannt ist – in die DDR und lassen sich von
der Staatsicherheit der DDR mit neuen Identitäten ausstatten.

15. September 1981 Anschlag auf den Oberbefehlshaber der US-
Landstreitkräfte in Europa, General Frederick
James Kroesen, in Heidelberg. Vier Verletzte.
Tatbeteiligt u. a. Christian Klar und Brigitte
Mohnhaupt.

11. November 1982 Verhaftung von Brigitte Mohnhaupt.

16. November 1982 Christian Klar wird verhaftet.

Mai 1984	Verurteilung von Peter-Jürgen Boock zu einer mehrfach lebenslänglichen Freiheitsstrafe (Im November 1986 wird die Haftstrafe auf einmal lebenslänglich reduziert).
1. Februar 1985	Der Chef des Triebwerksherstellers MTU, Ernst Zimmermann, wird erschossen.
2. April 1985	Brigitte Mohnhaupt und Christian Klar werden zu je fünfmal lebenslänglich plus 15 Jahren Haft verurteilt.
9. Juli 1986	Der Siemens-Vorstand Karl Heinz Beckurts und sein Fahrer Eckhard Groppler werden in Straßlach durch eine Bombe getötet.
10. Oktober 1986	Gerold von Braunmühl, Ministerialdirektor im Auswärtigen Amt, wird erschossen.
20. September 1988	Ein Anschlag auf Hans Tietmeyer, Staatssekretär im Bundesministerium der Finanzen, scheitert.
9. Juni 1989 bis 31. Dezember 1999	Einführung der zeitlich befristeten Kronzeugenregelung im Strafgesetzbuch.
30. November 1989	Alfred Herrhausen, der Vorstandssprecher der Deutschen Bank, wird in Bad Homburg durch ein Bombenattentat getötet, sein Fahrer wird verletzt.
Juni 1990	Die sogenannten RAF-Aussteiger Susanne Albrecht, Inge Viett, Werner Lotze, Christine Dümlein, Ekkehard von Seckendorff-Gudent, Monika Helbing, Sigrid Sternebeck, Ralf Baptist Friedrich, Silke Maier-Witt und Henning Beer werden in der DDR festgenommen.
1. April 1991	Der Chefs der Treuhandanstalt Detlev Karsten Rohwedder wird in seinem Haus in Düsseldorf erschossen.
25. April 1991	Beginn des Prozesses gegen Susanne Albrecht in Stuttgart-Stammheim.
Juni 1991	Erneute Anklage gegen Peter-Jürgen Boock aufgrund der Aussage in der DDR verhafteter Terroristen zur Tatbeteiligung Boocks bei dem

Mord an Jürgen Ponto sowie der Entführung von Hanns Martin Schleyer und der Ermordung seiner Begleiter.

3. Juni 1991	Susanne Albrecht wird zu wird zu einer zwölfjährigen Freiheitsstrafe verurteilt.
27. Juni 1993	Bei dem GSG-9-Einsatz in Bad Kleinen werden Wolfgang Grams und der Polizist Michael Newrzella erschossen. Birgit Hogefeld wird verhaftet.
1996	Susanne Albrecht wird auf Bewährung aus der Haft entlassen. Sie arbeitet seitdem als Lehrerin für einen freien Träger in Norddeutschland.
13. März 1998	Freilassung von Peter-Jürgen Boock.
20. April 1998	Die RAF verkündet ihre Selbstauflösung. Die Verfasser des Textes sind unbekannt.
25. März 2007	Brigitte Mohnhaupt wird auf Bewährung aus der Haft entlassen.
19. Dezember 2008	Christian Klar wird aus der Haft entlassen.
Mai 2010	Erklärung »zur aktuellen Situation« von »einigen, die zu unterschiedlichen Zeiten in der RAF waren«, in dem die ehemaligen Terroristen jede Hilfe bei der Aufklärung der Vergangenheit ablehnen.
30. September 2010	Beginn eines erneuten Prozesses in Stuttgart-Stammheim gegen Verena Becker im Zusammenhang mit der Ermordung von Siegfried Buback.

Personenregister

Axel Hacke / Giovanni di Lorenzo. Wofür stehst Du?
Was in unserem Leben wichtig ist – eine Suche.
Gebunden. Verfügbar auch als Book

Axel Hacke und Giovanni di Lorenzo haben zusammen ein ungewöhnliches Buch geschrieben. Sie stellen die große Frage nach den Werten, die für sie maßgeblich sind – oder sein sollten. Statt aber ein Handbuch der Alltagsmoral zu verfassen, haben sie vor allem in ihren eigenen Biografien nach Antworten gesucht.

www.kiwi-verlag.de

Kiepenheuer & Witsch

Jonathan Safran Foer. Tiere essen. Deutsch von Isabel Bogdan, Ingo Herzke und Brigitte Jakobeit. Gebunden
Verfügbar auch als ■Book

»Foer holt mit seinem Bestseller ›Tiere essen‹ den Vegetarismus ins Zentrum der Gesellschaft. Nichts ist so unwiderstehlich wie eine Idee, deren Zeit gekommen ist.« *Süddeutsche Zeitung*

»Wenn ein Buch die Kraft hat, die Welt zum Fleischverzicht zu bekehren, dann ist es ›Tiere essen‹.« *FAZ*

»Eine brillante Mischung aus Recherchejournalismus und Autobiografie.« *die tageszeitung*

www.kiwi-verlag.de

Dave Eggers. Zeitoun. Deutsch von Ulrike Wasel und Klaus Timmermann. Gebunden

Dave Eggers erzählt in seinem jüngsten, vielfach ausgezeichneten Werk die wahre Geschichte der amerikanisch-syrischen Familie Zeitoun, die nach dem Hurrikan Katrina unschuldig ins Visier der amerikanischen Terrorismusfahnder gerät.

»Ein großartiger Tatsachenroman, der ein unglaubliches Heldendrama aus dem überschwemmten New Orleans erzählt.« *Georg Diez, Süddeutsche Zeitung*

»Ein Meisterwerk und Eggers' bestes Buch.« *Miami Herald*

www.kiwi-verlag.de

Christian Rickens. Ganz oben. Wie Deutschlands Millionäre wirklich leben. Gebunden
Verfügbar auch als aBook

In Deutschland leben rund 800.000 Menschen mit einem Vermögen von mehr als einer Million Euro. Über die Lebenswelt dieser Millionäre ist, jenseits der Klischees, die in »Gala« oder »Bunte« kolportiert werden, kaum etwas bekannt. Wie lebt und denkt diese Vermögenselite wirklich? Wie erzieht sie ihre Kinder, wofür gibt sie ihr Geld aus, wie sichert sie ihre gesellschaftliche Stellung und übt ihre politische Macht aus?

www.kiwi-verlag.de

Kiepenheuer
&Witsch